BEI GRIN MACHT SICH IHR
WISSEN BEZAHLT

- Wir veröffentlichen Ihre Hausarbeit,
  Bachelor- und Masterarbeit

- Ihr eigenes eBook und Buch -
  weltweit in allen wichtigen Shops

- Verdienen Sie an jedem Verkauf

Jetzt bei www.GRIN.com hochladen
und kostenlos publizieren

Bibliografische Information der Deutschen Nationalbibliothek:

Die Deutsche Bibliothek verzeichnet diese Publikation in der Deutschen National-
bibliografie; detaillierte bibliografische Daten sind im Internet über http://dnb.d-
nb.de/ abrufbar.

Impressum:

Copyright © 2016 GRIN Verlag, Open Publishing GmbH
Druck und Bindung: Books on Demand GmbH, Norderstedt Germany
ISBN: 9783668355613

Dieses Buch bei GRIN:

http://www.grin.com/de/e-book/345326/die-innenhaftung-der-mitglieder-des-ver-
waltungsrats-einer-monistisch-verfassten

Jens Müller

Die Innenhaftung der Mitglieder des Verwaltungsrats einer monistisch verfassten Societas Europaea (SE) mit Sitz in Deutschland

GRIN Verlag

GRIN - Your knowledge has value

Der GRIN Verlag publiziert seit 1998 wissenschaftliche Arbeiten von Studenten, Hochschullehrern und anderen Akademikern als eBook und gedrucktes Buch. Die Verlagswebsite www.grin.com ist die ideale Plattform zur Veröffentlichung von Hausarbeiten, Abschlussarbeiten, wissenschaftlichen Aufsätzen, Dissertationen und Fachbüchern.

Besuchen Sie uns im Internet:

http://www.grin.com/

http://www.facebook.com/grincom

http://www.twitter.com/grin_com

Die Innenhaftung der Mitglieder des Verwaltungsrats einer monistisch verfassten

Societas Europaea (SE) mit Sitz in Deutschland

MASTER THESIS

zur Erlangung des akademischen Grades

Master of Laws (LL.M)

im Studiengang

„Europäisches Wirtschaftsrecht"

an der juristischen Fakultät

der Viadrina Universität

Frankfurt (Oder)

eingereicht von:

Jens Müller

2. Semester

27.07.2016

Inhaltsverzeichnis

A. Einleitung

Im Zuge des Inkrafttretens am 08.10.2004 der Verordnung (EG) Nr. 2157/2001 des Rates vom 08.10.2001 über das Statut der Europäischen Gesellschaft (lateinisch Societas Europaea, kurz SE) gewinnt die Europäische Gesellschaft zunehmend in Europa mehr an Beliebtheit.[1] Begleitet wurde die Umsetzung in deutsches Recht durch das Gesetz zur Einführung der Europäischen Gesellschaft mit den Teilen des Ausführungsgesetzes der SE-VO (kurz: SEAG) und dem Gesetz über die Arbeitnehmerbeteiligung der SE (kurz: SEBG) vom 22.12.2004.

Die Grundlage zur Gründung der SE stellt somit die SE-VO dar, wobei diese als ein Kompromiss zwischen den Mitgliedstaaten der Europäischen Union zustande kam.[2] Der Kompromiss sieht einen Rückgriff auf nationales Recht, im Falle von Deutschland auf das deutsche Aktiengesetz, des Sitzstaates der SE vor, sofern keine einschlägige Regelung in der Verordnung oder im Einführungsgesetz der SE vorhanden ist gemäß Art. 9 (1) SE-VO. Das Wahlrecht über die Organisationsform stellt dabei die Besonderheit des Kompromisses dar. Neben dem im Nord- und Mitteleuropäischen Raum verbreiteten dualistischen System mit Vorstand und Aufsichtsrat, können Gründer einer SE auch die im angloamerikanischen Raum und in anderen Teilen Europas verbreitete monistische Organstruktur mit einer einheitlichen Leitung des Verwaltungsrats wählen. Weitere Kompromisse und Wahlrechte, insbesondere über mitbestimmungs- und arbeitsrechtliche Thematiken durch die SE-Richtlinie und das SEBG werden im Rahmen dieser Thesis nicht weiter behandelt.

Eine Rechtsgrundlage für das monistische System im deutschen Aktienrecht existierte nicht, da dem deutschen Gesetzgeber diese Struktur nicht bekannt war. Durch die Einführung der §§ 20-49 SEAG, veranlasst durch die Möglichkeit in Art. 43 (4) SE-VO, reagierte der Gesetzgeber auf die Regelungslücke. Jedoch verwies er gemäß §§ 39, 40 (8) SEAG bei der Innenhaftung der Verwaltungsratsmitglieder ausdrücklich auf die aktienrechtliche Norm des § 93 AktG, nachdem die

---

[1] *Köstler/Pütz*, SE-Datenblatt – Fakten zur Europäischen Gesellschaft, http://www.boeckler.de/pdf/pb_mitbestimmung_se_2015_12.pdf (Abfrage 11.07.2016); Carlson/Kelemen/Stollt, Overview of current state of SE founding in Europe, http://www.worker-participation.eu/European-Company-SE/Facts-Figures (Abfrage 11.07.2016).
[2] *Brandt*, BB-Special 2003, S.7.

Leitungsorganmitglieder für die Verursachung der Schäden gegenüber der Gesellschaft haften. Die individuelle Gestaltung der Haftung nach §§ 39, 40 SEAG soll eine Haftungsform, angepasst an die Aufgaben des Verwaltungsratsmitglieds, ermöglichen. Demnach würde eine Haftung nur für das eigene Verschulden in Betracht kommen.[3]

Daher ist zu prüfen, ob die bestehenden Regelungen des AktG auf den Innenhaftungstatbestand der Mitglieder des Verwaltungsrats einer monistisch geführten SE den Haftungsgedanken des SEAG erfüllen. Schwerpunkt der Thesis bildet die Untersuchung der Sorgfaltspflicht und Verantwortlichkeit der Mitglieder gegenüber der Gesellschaft um der individuellen Gestaltung der Haftung nachzugehen. Die Prüfung wird, nach Klärung der Systematik des Art. 51 SE-VO und die Anwendbarkeit der §§ 39, 40 (8) SEAG, anhand der Tatbestandsmerkmale des § 93 AktG aufgebaut. Ziel der Arbeit ist somit auch die Herausarbeitung eines Anspruchs der SE gegenüber den Verwaltungsratsmitgliedern.

Zu diesem Zweck werden nur allgemeine Sorgfaltspflichten und deren Ausprägungen in die Untersuchung miteinbezogen. Auf spezielle gesetzliche Pflichten der Innenhaftung, wie der Buchführung oder dem Insolvenzfall, wird in der Thesis verzichtet. Die Sondertatbestände des § 93 (3) AktG würden den Umfang der Thesis übersteigen und keine allgemeinen Haftungsansprüche behandeln.

Zur Erläuterung der monistischen Organstruktur werden zunächst die Grundlagen, bestehend einerseits aus einem kurzen historischen Überblick zur SE und andererseits aus dem anwendbaren Recht, dargestellt. Auf Basis dessen wird dann im dritten Kapitel auf den Aufbau der monistischen Struktur mit Schwerpunkt des Verwaltungsrats eingegangen. Neben der Ausarbeitung der Verwaltungsratsstruktur wird darauf aufbauend die Innenhaftungsfrage der Verwaltungsratsmitglieder, besonders im Hinblick auf die Verantwortlichkeit und Sorgfaltspflicht, untersucht. Dabei werden sowohl die Pflichten der Verwaltungsratsmitglieder als auch die der geschäftsführenden Direktoren genauer betrachtet, um insbesondere die Stellung des geschäftsführenden Verwaltungsratsmitglieds zur Innenhaftung herauszuarbeiten. Ein abschließendes Fazit fasst die Ergebnisse der Thesis zusammen.

---

[3] BT-Drucksache 15/3405, S. 39; *Frodermann*, in Handbuch der Europäischen AG, 5. Kap., Rn. 269 f.

B. Die Europäische Aktiengesellschaft - Societas Europaea (SE)

I. Historie und Rechtsquellen

1. Historie

Erste Überlegungen zur Schaffung einer supranationalen Rechtsform in Europa gab es schon kurz nach der Gründung der Europäischen Wirtschaftsgemeinschaft. Der französische Notar *Thibièrge* lieferte auf dem Kongress des französischen Notariats 1959 entsprechende Anregungen zur Schaffung einer europäischen Aktiengesellschaft. Ebenso befasste sich der Niederländer *Sanders* bei seiner Amtsantrittsrede als Professor der Universität Rotterdam mit der Schaffung einer supranationalen Rechtsform.[4] Die Vorschläge von *Sanders*, wie die Lösung der Standortwahlfrage oder das Wahlrecht zur Organstruktur, finden sich heute in der SE-VO wieder.[5]

Aufgrund einiger problematischer Unternehmensübernahmen ergriff 1965 die französische Regierung die Initiative und legte der damaligen Europäischen Wirtschaftsgemeinschaft einen Vorschlag zur Schaffung einer europäischen Gesellschaft vor.[6] Daraufhin erarbeitete die Kommission 1970 einen Verordnungsvorschlag über das Statut für europäische Aktiengesellschaften[7] um grenzüberschreitende Umwandlungen der Rechtsform für international tätige Unternehmen anzubieten. Die Regelungen des Statuts beinhalteten umfangreiche Vorschriften zum Gesellschaftsrecht, Steuerrecht, Konzernrecht, zur Mitbestimmung und weiteren Rechtsgebieten. Allerdings wurde die Detailmenge dem Statut zum Verhängnis: Die Mitbestimmungsnormen für Arbeitnehmer wurden von den meisten Mitgliedstaaten aufgrund unterschiedlicher Vorstellungen nicht akzeptiert. Auch die Ausarbeitung der Mitbestimmungsproblematik der Kommission änderte daran nichts, was eine Verabschiedung des Entwurfs unmöglich machte.[8]

Erst ab 1985 wurde das Projekt durch die Kommission im Rahmen der Vollendung der europäischen Binnenmarktpolitik durch das Weißbuch[9] aufgegriffen. 1989 er-

---

[4] *Lutter*, in SE Kommentar, Einl. SE-VO, Rn 7ff.; Oechsler, in MüKoAktG, SE-VO, Vorbemerkungen vor Art. 1, Rn. 1.

[5] *Sanders*, AWD 1960, S. 1-5.

[6] *Lutter/Bayer/Schmidt*, Europäisches Unternehmens- und Kapitalmarktrecht, S. 1457.

[7] Vorschlag über das Statut für europäische Aktiengesellschaften vom 10.10.1970, ABl. 1970, C-124.

[8] *Taschner/Bodenschatz*, in Handbuch der Europäischen AG, 1. Kap., Rn. 15-40; Westphal, Die Europäische Aktiengesellschaft, S. 11.

[9] Zur Vollendung des Binnenmarktes: Weißbuch der Kommission an den Europäischen Rat vom 28/29.06.1985, KOM (85) 310.

ließ die Kommission dann einem geänderten Verordnungsvorschlag über das Statut[10] der europäischen Aktiengesellschaft mit Auslagerung der Mitbestimmungsrechte in eine Richtlinie (SE-RL). Der Umfang der geänderten Fassung sah im Vergleich zu der ursprünglichen eine erhebliche Reduktion der Vorschriften vor, in dem es auf allgemeine, nationale Vorschriften des jeweiligen Sitzes der Gesellschaft verweis.

Nach einigen weiteren Änderungen an dem Vorschlag der Verordnung und der Richtlinie konnten am 20.12.2000 im Europäischen Rat von Nizza alle Mitgliedstaaten von der Notwendigkeit einer SE überzeugt werden. Nach dem langen Tauziehen der über drei Jahrzehnte andauernden Bemühungen und gescheiterten Anläufen wurden schließlich die SE-VO und die SE-RL am 08.10.2001 verabschiedet. Besonderes Merkmal der Verabschiedung war die Übernahmeverpflichtung der Vorschriften für die Staaten auf Ebene des Europäischen Wirtschaftsraumes.[11] Am 08.10.2004 sind die SE-VO nach Art. 70 SE-VO und die Richtlinie gemäß Art. 14 (1) SE-RL nach einer Umsetzungsfrist von 3 Jahren europaweit in Kraft getreten.

Dabei war die Verabschiedung der SE-VO bis zum letzten Moment nicht sicher. Aufgrund fragwürdiger Rechtsgrundlagen erwog das Europäische Parlament eine Anfechtungsklage gegenüber der SE-VO, da die SE-VO sich auf Art. 308 EGV gestützt hatte. Dieser sah, im Gegenteil zu der Art. 95 i.V.m Art. 251 EGV, der ein Mitbestimmungsrecht des Parlaments gewährte, nur ein Anhörungsrecht zu. Im Hintergrund dieser Verletzung der Mitbestimmungsrechte im Gesetzgebungsverfahren hätte bei Erfolg der Klage die SE-VO neu verhandelt werden müssen. Ein Einwirken der Wirtschaftsverbände und der Verzicht der Klageeinreichung durch den Präsidenten des europäischen Parlaments verhinderten somit ein Scheitern der SE-VO.[12]

Die SE-VO und deren Einführung in Deutschland durch das SEEG ermöglicht nunmehr eine grenzüberschreitende, europaweite Verschmelzung von Aktiengesell-

---

[10] Vorschlag über eine Verordnung über das Statut der Europäischen Aktiengesellschaft und einer Richtlinie zur Ergänzung des SE-Statuts hinsichtlich der Arbeitnehmerstellung vom 16.10.1989, ABl. 1989, C 263, S. 41-68 (Verordnung), S. 69-72 (Richtlinie).

[11] *Theisen/Wenz*, in Die Europäische Aktiengesellschaft, S. 31 ff.

[12] *Theisen/Wenz*, in Die Europäische Aktiengesellschaft, S. 31 ff., Thoma/Leuring, NJW 2002, S. 1449 f.

schaften mit Standortwahl des Sitzes. Diese Option gewährt den Unternehmen einen Kostenvorteil im Wettbewerb aufgrund des vorteilhaften und flexiblen Wahlrechts der Organisationsstruktur.[13]

2. Anwendbares Recht der SE mit Sitz in Deutschland

Anders als der erste Entwurf der SE-VO enthält die verabschiedete Fassung keinen abschließenden Gesetzescharakter. Hauptbestandteil der Verordnung sind daher nur die Kernelemente der dualistischen und monistischen Struktur, Sitzverlegung sowie Gründung und Auflösung einer SE. Die Verordnung lässt aber auch hier Rückgriffe auf die nationalen Vorschriften des jeweiligen Sitzstaates zu, soweit sich keine spezielle Vorschrift in der SE-VO findet.[14] Die Menge an einzelstaatlichen Verweisen wurde schon durch den Bericht[15] des Ausschusses für Recht und Binnenmarkt des europäischen Parlaments kritisiert. Demnach stehen der einheitlichen SE die Rückgriffe der Mitgliedstaaten auf nationales Aktienrecht im Weg. Bedenkt man die Wahlrechtsoptionen für die Organisationsstruktur können je Mitgliedstaat zwei unterschiedliche SEs entstehen, was eine Vereinheitlichung der SE schwierig gestaltet.

Als zentrale Norm der SE dient Art. 9 SE-VO, der die Rangfolge des anzuwendenden Rechts bestimmt und durch ein stufenartiges Normengefüge charakterisiert ist.[16] Demnach unterliegt das Rechtsgefüge zuerst den Bestimmungen der SE-VO nach Art. 9 (1) a) SE-VO. Sofern die Satzungsbestimmungen durch die Verordnung zugelassen sind, findet Art. 9 (1) b) SE-VO Anwendung. Für eine SE mit Sitz in Deutschland sind die erlassenen Rechtsvorschriften der Mitgliedstaaten speziell zur SE anwendbar gemäß Art. 9 (1) c) i) SE-VO nach fehlender vorheriger Regelung. Das SEAG ergänzt hierbei die SE-VO. § 1 SEAG verweist hierfür bei Auslegungsproblematiken auf die Verordnung und das Unionsrecht zurück. Auf das deutsche Aktienrecht wird erst in der vierten Stufe zurückgegriffen, wenn sich im SEAG keine Normen finden. Eine nach deutschem bzw. nationalem Recht abweichende Satzungsbestimmung des Aktienrechts ist dann ebenfalls hinzuziehen aufgrund von Art. 9 (1) c) ii), iii) SE-VO. Eine Abweichung auf iii) ist nur zulässig, wenn § 23 (4) AktG[17] dies ausdrücklich zulässt. Bei Anwendung dieser Normen ist auf

---

[13] *Wenz*, in Handbuch zur SE, 1. Kap., Rn 17 ff.
[14] *Drinhausen/Teichmann*, in Handbuch zur SE, 3. Kap, Rn. 2.
[15] EU-Parlament, Bericht SE-VO Entwurf, S. 7.
[16] *Schäfer*, in MüKoAktG, SE-VO, Art. 9 Rn. 9.
[17] *Penz*, in MüKoAktG, § 23 Rn. 153.

aktienrechtlicher Seite auch das Richterrecht zu beachten. Finden bei Ausübung einer Geschäftstätigkeit einer SE in einem jeweiligen Sitzstaat besondere Vorschriften Anwendung, gelten diese auch für die SE gemäß Art. 9 (3) SE-VO. Dementsprechend kann auch von einer Normenpyramide gesprochen werden.[18]

Die Grundlage für die Einführung von nationalen Gesetzen zur SE ergibt sich nicht nur aus der Verweisung in Art. 9 (1) c) ii) SE-VO, sondern auch aus der Durchsetzungsnorm des Art. 68 (1) SE-VO. Dieser besagt, dass alle Vorkehrungen bezüglich der Einführung der SE von den Mitgliedstaaten zu treffen sind. Zu beachten hierbei ist der Harmonisierungsbestand des Art. 9 (2) SE-VO, sodass die Einführungsgesetze der Mitgliedstaaten auf die Aktiengesellschaften (AG) des Sitzstaates angepasst sind. Des Weiteren stellt der Gleichbehandlungsgrundsatz nach Art. 10 SE- VO die SE auf die Ebene der AG. Die Mitgliedstaaten sind somit verpflichtet keine diskriminierenden, nationalen Gesetze gegenüber der SE zu erlassen.[19]

Der deutsche Gesetzgeber war sich dessen bewusst und der Bundestag beschloss die Einführung eines SE-Gesetzes (SEEG)[20] am 22.12.2004. Das SEEG wurde aus zwei Teilen konzipiert, dem SEAG und dem SEBG, in welchen die Vorschriften der SE-VO für die ansässigen SE's in Deutschland konkretisiert sind.

Besonderes Augenmerk hat der Gesetzgeber dem SEAG zukommen lassen. Einen Großteil der Rechtsvorschriften umfasst das bis dato unbekannte monistische Leitungsmodell zur Gewährleistung der Umsetzung des Wahlrechts durch Art. 38 SE-VO. Das Recht zur Wahl der Organisationsstruktur ergibt sich aus Art. 43 (4) SE-VO, in dem die Mitgliedstaaten die entsprechenden Vorschriften dafür erlassen.[21]

Das anzuwendende Recht auf die Organhaftung der SE stellt eine Spezialverweisung nach mitgliedstaatlichem Recht dar. Die Mitglieder der Führungsorgane haften gemäß Art. 51 SE-VO nach den Vorschriften der AG im Sitzstaat der SE. Aufgrund einer fehlenden allgemeinen Formulierung im deutschen Aktienrecht wurde

---

[18] *Bartone/Klapdor*, Die Europäische AG, S. 13ff; *Schmidt*, „Deutsche" vs „britische" SE, S. 101ff; *Wagner*, NZG 2002, 985 ff.

[19] *Grundmann*, EU-Gesellschaftsrecht, § 29 Rn. 1043; siehe auch Erwägungsgrund (5), (9) SE-VO sowie *Wagner*, NZG 2002, 985 ff.

[20] Gesetz zur Einführung der Europäischen Gesellschaft (SEEG) vom 22.12.2004, BGBl. 2004 I, S. 3675 ff.

[21] *Grundmann*, EU-Gesellschaftsrecht, § 29 Rn. 1043ff.; *Schmidt*, „Deutsche" vs „britische" SE, S. 472 ff.

eine eigene Haftungsnorm für die deutsche SE geschaffen. § 39 SEAG verweist auf den § 93 AktG. Für die Mitglieder des Verwaltungsrates ersetzt der § 39 SEAG insoweit den § 116 AktG. Ermächtigungsgrundlage ist hierfür ebenfalls der Art. 43 (4) SE-VO.[22]

C. Die monistische Organisation der SE

Die innere Struktur der SE ergibt sich aus Art. 38 SE-VO. Demnach ist die SE durch eine Hauptversammlung, unabhängig der zwei wählbaren Organisationsformen (dualistisch und monistisch) charakterisiert. Für beiden Organisationsformen kommen unterschiedliche Rechtsvorschriften bei deren Ausgestaltung in Betracht. Eine detaillierte Beschreibung des monistischen Systems sowie die der anzuwendenden Normen werden in den folgenden Kapiteln erläutert, auch im Hinblick auf die gemeinsamen Vorschriften nach Art. 46 – 51 SE-VO.

I. Systemwahl

Die vorher bereits genannten Organisationsformen haben unabhängig der Wahloption eine Hauptversammlung der Aktionäre gemäß Art. 38 a) SE-VO. Den Gründern obliegt bezüglich der beiden wählbaren Optionen Gestaltungsfreiheit in der Satzung der Gesellschaft. Das heißt, dass sie in ihrer Entscheidung frei sind zwischen dem dualistischen System „two tier", bestehend aus einem Aufsichtsorgan und einem Leitungsorgan, oder dem monistischen System „one tier" mit dem Verwaltungsrat zu wählen nach Art. 38 b) SE-VO.[23] Die Wahl an sich kann sowohl vor der Gründung der Gesellschaft, als auch durch Beschluss einer Satzungsänderung der Hauptversammlung geschehen. Eine nachträgliche Änderung der Organisationsform bleibt somit der SE offen.[24]

Nach *Teichmann* war die Vereinigung der beiden Leitungsmodelle in der SE-VO eine Notwendigkeit des europäischen Gesetzgebers, da die meisten Mitgliedstaaten nur eine Organisationsform kannten. Die Bereitstellung eines Grundgerüstes war daher eine optimale Lösung durch die die Mitgliedstaaten ihre eigenen Ausgestaltungen umsetzen konnten.[25]

---

[22] *Teichmann*, in SE Kommentar, Art. 51 SE-VO, Rn. 1 ff; *Reichert/Brandes*, MüKoAktG, SE-VO, Art. 51 Rn. 7.

[23] Ernst & Young, Study on the operation and impacts of the Statute for a European Company (SE), S. 79 f.

[24] Austmann, MüHB AG, § 84 Rn. 1; *Reichtert/Brandes*, MüKoAktG, SE-VO, Art.38 Rn.1 f.

[25] *Teichmann*, in SE-Kommentar, Art. 38 SE-VO, Rn. 36.

Durch die Vereinigung konnten nun dualistische Formen in den stark monistisch geprägten Mitgliedstaaten Großbritanniens, Schweden oder Luxemburg Einzug halten, während in Deutschland erstmalig eine monistische Form wählbar war.[26]

II. Die monistische Organisationsform im Detail

Die beiden Strukturen unterscheiden sich im Wesentlichen in der Leitung und Überwachung der Gesellschaft. Besonderheit hierbei ist, dass im monistischen System die Verantwortung der Geschäftsführung und Kontrolle nur einem einzigen Organ obliegt.[27] Im Folgenden werden die Besonderheiten der monistischen Struktur dargestellt.

Gegenüber dem dualistischen Modell verfügt das monistische nur über ein einziges Organ, welches gleichzeitig Leitungs- und Kontrollorgan für die Geschäftsführung ist gemäß Art. 43 (1) S.1 SE-VO. Das Verwaltungsorgan, auch „Board of Directors" genannt, ist charakteristisch für das monistische System und hat seinen Ursprung aus den USA sowie den angelsächsischen Ländern. Eine Trennung zwischen Kontrolle und Führung des Organs, wie im AktG geregelt, ist unüblich. Allerdings hat sich durch den deutschen Corporate Governance Kodex (DCGK) eine Unterteilung innerhalb des Verwaltungsorgans bezüglich der Geschäftsführung kristallisiert. In der Rechtspraxis lässt sich zunehmend die Spaltung in Mitglieder, die nicht zur Führung der Geschäfte befugt sind (Non Executive Directors), und in geschäftsführende (Executive Directors) beobachten. Dabei gleichen sich die Funktion der Direktoren an das deutsche Recht an, denn die Non Executive Directors übernehmen weitestgehend Kontrollaufgaben wie beim Aufsichtsrat der AG. Beide Gruppen besitzen aber unabhängig davon eine gemeinsame Verantwortung für die Geschäftsleitung. Ein weiteres Merkmal ist die Wahlmöglichkeit eines Chief Executive Officers (CEO) durch die Executive Directors und eines Chairmans für das Verwaltungsorgan.[28]

Die Rechtsvorschriften zum monistischen Modell Deutschlands ergeben sich aus den Artikeln 43-45 SE-VO. Ferner greift das Modell auch auf die gemeinsamen Vorschriften der beiden Strukturen nach Art. 46-51 SE-VO zu. Da keine entspre-

---

[26] *Reichert/Brandes*, MüKoAktG, SE-VO, Art.38 Rn.4 ff.
[27] *Walla*, ZJS 2008, S. 566.
[28] *Teichmann*, in SE-Kommentar, Art. 38 SE-VO, Rn. 17; *Reichert/Brandes*, MüKoAktG, SE-VO, Art. 38 Rn. 4. Dazu auch im Ganzen: *Baums*, Monistische Verfassung, S. 10 ff.

chenden Regelungen im deutschen Recht vorhanden waren, erließ der deutsche Gesetzgeber durch Art. 43(4) SE-VO die § 20-49 SEAG um das monistische System auszugestalten. Demnach sind im Sinne von § 20 SEAG die aktienrechtlichen Vorschriften der §§ 76 - 116 AktG durch die Artikel im SEAG zu ersetzen und das Verwaltungsorgan als Verwaltungsrat zu bezeichnen.[29]

Nach Ausführungen von *Baums* hat sich der deutsche Gesetzgeber bei der Strukturierung des Verwaltungsrats sich an dem dualistischen Modell orientiert. Demnach ist die Schaffung eines „Management Boards" neben dem Verwaltungsrat, der mit speziellen Aufgaben wie die Vertretung der SE und der Auslagerung der Geschäftsführung gegenüber dem Rechtsverkehr betraut werden kann, Pflicht. Der Unterschied hierbei zu dem klassischen Modell im AktG ist, dass nicht der Vorstand, sondern der Verwaltungsrat die Gesellschaft leitet. Die Führung wird den geschäftsführenden Direktoren überlassen, die an den Verwaltungsrat weisungsgebunden sind. Dies entspricht auch dem Wortlaut des § 22 (1) i.V.m § 40 SEAG.[30]

Der deutsche Gesetzgeber hat den Verwaltungsrat so ausgestaltet, dass er, wie in der SE-VO vorgesehen, die Geschäftsführung der deutschen SE übernimmt. Dies umfasst die Bestimmung und die Überwachung der Grundlinien der Geschäfte gemäß § 22 (1) SEAG. *Horn* kritisiert dabei, dass die Vereinigung der Geschäftsführung und Überwachung auf den Verwaltungsrat zu Interessenkonflikten führen könnte, da ein „natürliches Spannungsverhältnis" nicht geben sei.[31] Zu der Problematik hat der Gesetzgeber die geschäftsführenden Direktoren in § 40 SEAG eingeführt, um eine Trennung zwischen Geschäftsführung und anderen Verwaltungsratsmitgliedern zu gewährleisten. Der Grundgedanke dieser Teilung lässt sich aus dem dualistischen Modell entnehmen. Eine Bestellung von ein oder mehreren geschäftsführenden Direktoren ergibt sich ebenfalls aus § 40 (1), (2) SEAG. Diese müssen aber nicht zwangsläufig der Gesellschaft angehören.[32]

III. Überblick Hauptversammlung

Jede SE mit dualistischer oder monistischer Ausprägung verfügt über eine Hauptversammlung nach den Rechtsvorschriften der Art. 52-60 SE-VO, welches aber

---

[29] *Teichmann*, in SE-Kommentar, Anh. Art. 43 SE-VO (§20 SEAG), Rn. 1 ff.
[30] *Baums*, Monistische Verfassung, S. 15 ff.; teilweise dazu auch *Reichert/Brandes*, MüKoAktG, Rn. 5ff.
[31] *Horn*, DB 2005, S. 150; anderer Auffassung zur Machbarkeit des monistischen Modells ist *Eder*, NZG 2004, S.544 ff.
[32] *Lingl*, JA 2006, S. 308; *Eder*, NZG 2004, S. 544.

nicht die Stellung eines Vertretungsorgans einnimmt. Die Verordnung verweist aber in den meisten Fällen auf mitgliedstaatliches Recht des jeweiligen Sitzstaates.[33] Für eine monistisch geprägte SE mit Sitz in Deutschland finden die Normen §§ 50-51 SEAG Anwendung. Zu beachten hierbei ist vor Anwendung deutscher Vorschriften zuerst die Normenpyramide des Art. 9 SE-VO.[34]

Dementsprechend ist die Hauptversammlung für die Angelegenheiten zuständig, die durch Art. 52 SE-VO oder im Falle Deutschland durch das SEAG bzw. AktG des Gesetzgebers bestimmt sind. Zuständigkeiten nach Satzung der Gesellschaft können ebenfalls auf die Hauptversammlung übertragen werden. Die Kompetenzen der Hauptversammlung der SE ähneln den Vorschriften des § 119 (1) AktG.[35] Wichtige Aufgabenbereiche der Hauptversammlung sind unter anderem Beschlussfassungen nach Mehrheitsprinzip gemäß Art. 57 SE-VO. Beschlüsse über die Änderungen von Satzungen beruhen, nicht wie im AktG auf einer Kapitalmehrheit, sondern auf einer Zwei Drittel Mehrheit durch Art. 59 (1) SE-VO. Eine Reduktion des Stimmenanteils ist durch die Ausnahme in Art. 59 (2) SE-VO i.V.m § 51 SEAG möglich. Kernbereich der Kompetenz der Hauptversammlung ist die Bestellung der Verwaltungsratsmitglieder, die Wahl der Gesellschaftsstruktur sowie Sitzverlegungen und Umwandlungen.[36]

Nach Auffassung der Rechtsprechung sind die Grundsätze der „Holzmüller-Doktrin"[37] und der „Gelatine"[38] Entscheidung des BGH auf die Hauptversammlung der SE in Deutschland übertragbar. *Nagel* ist der Ansicht, dass bei umfangreichen gesellschaftsrechtlichen Änderungen der Organisation eine analoge Anwendung der Vorschriften des Art. 59 (1) i.V.m Art. 8 (6) SE-VO zum Schutz der Minderheitsaktionäre zulässig ist. Der Hauptversammlung werden dadurch ungeschriebene Kompetenzen zugesprochen.[39]

---

[33] *Schmidt*, „Deutsche" vs. „britische" SE, S. 636 f.; *Kubis*, MüKoAktG, SE-VO, Art. 52 Rn. 6.
[34] *Binder/Jünemann/Merz/Sinewe*, Die SE, S. 245.
[35] *Korts*, Societas Europaea, S. 12.
[36] *Nagel*, in Kommentar zum SEBG, 2. Kap. Rn. 102 ff.
[37] BGH v. 25.02.1982, II ZR 155/02, BGHZ 83, S. 122 ff.
[38] BGH v. 26.04.2004, II ZR 155/02, BGHZ 150, S. 31 ff.
[39] *Nagel*, in SE-Kommentar zum SEBG, 2. Kap. Rn. 103.

Einmal jährlich sind die Aktionäre der SE verpflichtet eine Hauptversammlung einzuberufen, wobei hier zu beachten ist, dass dies spätestens sechs Monate vor Abschluss des Geschäftsjahres geschehen muss nach Art. 54 (1) SE-VO.[40] Die Einberufung einer ordentlichen Hauptversammlung in Deutschland erfolgt auf Veranlassung des Verwaltungsrats gemäß Art. 54 (2) SE-VO i.V.m § 48 SEAG. Die Möglichkeit zur Ansetzung einer außerordentlichen Hauptversammlung ist aufgrund von § 55 (1) i.V.m § 50 (1) SEAG gewährleistet. Entsprechende detaillierte Vorschriften finden sich im AktG wieder.[41]

IV. Der Verwaltungsrat

1. Aufgaben und Rechte

Die allgemeine Führung der Geschäfte der monistisch geprägten SE lässt sich aus dem Art. 43 (1) S. 1 SE-VO entnehmen. Bezüglich der SE mit Sitz in Deutschland ist die Führung der Gesellschaft durch den Verwaltungsrat, wie bereits schon erwähnt, in § 22 (1) SEAG konkretisiert. Die Aufgabenbereiche unterteilen sich demnach in Leitung der Gesellschaft und des Weiteren in die Umsetzung und Überwachung der Grundlinien der Geschäfte. Die Vorschriften des AktG, durch die sich weitere Rechte und Pflichten des Aufsichtsrates sowie dem Vorstand ergeben, werden durch die Generalverweisung des Art. 9 (1) c) iii) SE-VO i.V.m § 22 (6) SEAG für den Verwaltungsrat übertragbar.[42]

Aus § 40 (1), (2) SEAG geht hervor, dass der Verwaltungsrat unausweichlich für die Bestellung der geschäftsführenden Direktoren, die die Geschäfte der SE führen, verantwortlich ist. Eine klare Abgrenzung zur Trennung der Führungs- und Überwachungsbereiche scheint demnach durchdacht und zweckmäßig, welches ein Anliegen des Europäischen Rates bei der Veröffentlichung der SE-VO war.[43] Weiteres Indiz zur personellen Trennung ist die Verpflichtung des Verwaltungsrats quartalsweise Sitzungen abzuhalten gemäß Art. 44 (1) SE-VO. Aufgrund der niedrigen Taktung lässt sich aber schlussfolgern, dass der Verwaltungsrat nicht für die laufende Geschäftsführung betraut ist.[44] Hierbei stellt sich jedoch die Frage, inwiefern die Aufgabe zur Leitung in § 22 (1) SEAG von der Geschäftsführung nach

---

[40] *Binder/Jünemann/Merz/Sinewe*, Die SE, S. 246.
[41] *Schmidt*, „deutsche" vs. „britische" SE, S. 637, 661.
[42] *Drinhausen*, in Handbuch zur SE, 5. Kap. 5 § 3 Rn. 4 ff.
[43] Siehe dazu Erwägungsgrund (14) SE-VO.
[44] *Holland*, Führungsorganisation einer monistischen SE, S. 142.

§ 40 (2) SEAG zu unterscheiden ist. Eine Antwort liefert hierbei der deutsche Gesetzgeber durch die Begründung des Regierungsentwurfes zum SEAG. Demnach übernehmen die geschäftsführenden Direktoren, gestützt durch § 40 (2) S.1 SEAG, die laufende Geschäftsführung. Eine Trennung in der Unternehmensleitung scheint somit zunächst plausibel zu sein.[45]

Dem Verwaltungsrat kommt somit grundsätzlich eine Verantwortung zur Leitung der SE zu. Durch die Leitungsbefugnis sind die geschäftsführenden Direktoren den Weisungen des Verwaltungsrates unterstellt und müssen die Entscheidungen des Rates umsetzen. Der Verwaltungsrat ist somit im Stande, die strategische Unternehmensplanung auch hinsichtlich der Grundlagengeschäfte vorzunehmen, während die Direktoren nur taktische Befugnis bezüglich des Tagesgeschäfts haben.[46] Im Hinblick auf die Überwachungsfunktion ist aus § 22 (3) SEAG zu entnehmen, dass der Verwaltungsrat eine Verpflichtung hat geeignete Systeme zur Gefahrenabwehr der SE, sowie der Überwachung der Geschäftsführung, einzurichten. Konkrete Maßnahmen können in Ausschüssen beschlossen und umgesetzt werden.[47]

Durchaus sind noch neben den Hauptaufgaben der Überwachung und Leitung des Verwaltungsrats weitere Rechte und Pflichten erkennbar. Eine Übertragbarkeit der Aufgaben in § 22 (2) bis (5) SEAG an die geschäftsführenden Direktoren ist durch § 40 (2) S. 3 SEAG gekennzeichnet, wobei eine Übertragbarkeit der Grundlagengeschäfte, u.a. die Buchführung oder die Insolvenz, nicht gegeben ist.[48] Des Weiteren ist durch die Satzung die Bestimmung von beschlusspflichtigen Geschäften durch den Verwaltungsrat freigestellt gemäß Art. 48 (1) SE-VO. Eine freiwillige Konkretisierung nach Art. 48 (2) SE-VO hat die Bundesregierung aber nicht umgesetzt. Allerdings finden sich im deutschen Corporate Governance Kodex (DCGK) unter Ziffer 3.3 Aktionen zu der Finanz-, Vermögens- oder Ertragslage, die nähere Konkretisierungen ermöglichen können.[49] Da der Verwaltungsrat selber keine

---

[45] Regierungsentwurf SEEG, S. 97.
[46] *Drinhausen*, in Handbuch zur SE, 5. Kap. 5 § 3 Rn. 4ff.; *Reichtert/Brandes*, MüKoAktG, SE-VO, Art. 43 Rn. 7.; *Scherer*, dualistisches oder monistisches System, S. 32 f.; *Beckert*, Personalisierte Leitung von AGs, S. 132.
[47] *Scherer*, dualistisches oder monistisches System, S. 36.
[48] *Drinhausen*, in Handbuch zur SE, 5. Kap § 3 Rn. 6; *Bartone/Klapdor*, Die Europäische AG, S. 69 f.
[49] *Frodermann*, in Handbuch zur Europäischen AG, 5. Kap. Rn. 253 ff.

Grundlagengeschäfte definieren kann, obliegt die Beschlussfassung der Hauptversammlung, um ein ausgewogenes Verhältnis zwischen dem Verwaltungsrat und den geschäftsführenden Direktoren zu schaffen.[50]

Im Unterschied zum AktG vertritt der Verwaltungsrat die Gesellschaft nicht nach außen, sondern übernimmt nur die Vertretung gegenüber den geschäftsführenden Direktoren als Oberleitung der SE. Im Außenverhältnis bestimmt sich die Vertretung durch die geschäftsführenden Direktoren nach § 41 SEAG in Anlehnung an das Aktienrecht.[51]

Relevante Fragen der Innenhaftung für ein Mitglied des Verwaltungsrates, welches aufgrund einer Handlung eine Pflichtverletzungen begeht und einen Schaden für die SE verursacht, ergeben sich aus Art. 51 SE-VO. Die Verordnung verweist hierbei auf den § 39 SEAG, der wiederum auf den § 93 AktG für die Sorgfaltspflicht und Verantwortlichkeit von Vorstandsmitgliedern verweist.[52] Ausführungen der Haftung werden im Kapitel D. beschrieben.

2. Bestellung, Amtsdauer und Abberufung der Mitglieder

Aus der Normenkette des Art. 43 (3) SE-VO i.V.m § 28 (1), (2) SEAG ergibt sich die Verweisung auf den § 101 AktG. Da § 101 AktG die Bestellung von Aufsichtsratsmitgliedern regelt, ist die Vorschrift auch auf die Mitglieder des Verwaltungsrates anwendbar. Eine Bestellung der Mitglieder des Verwaltungsrates erfolgt üblicherweise durch die Hauptversammlung mit einfacher Mehrheit der Stimmen.[53] Eine Stellvertretung in der deutschen SE ist aufgrund von § 28 (3) SEAG nicht zulässig. Allerdings können Ersatzmitglieder gewählt werden. Des Weiteren werden Details zu Anfechtung, Nichtigkeit und eine Bestellung per Gericht durch die §§ 30-33 SEAG konkretisiert.[54]

Für die Amtsdauer der Verwaltungsratsmitglieder wird auf die gemeinsame Vorschrift des Art. 46 SE-VO für beide Systeme zurückgegriffen. Die Flexibilität der Verordnung ermöglicht durch Art. 43 (1) SE-VO eine Modifizierung der Amtszeit

---

[50] *Scherer*, dualistisches oder monistisches System, S. 37 f.
[51] *Reichert/Brandes*, MüKoAktG, SE-VO, Art. 43 Rn. 191ff.; *Drinhausen*, in Handbuch zur SE, 5. Kap. Rn.17.
[52] *Frodermann*, in Handbuch zur Europäischen AG, 5. Kap. Rn.269 f.; *Teichmann*, in SE-Kommentar, Anh. Art. 43 SE-VO (§ 39 SEAG) Rn.2 ff.
[53] *Teichmann*, in SE-Kommentar, Anh. Art. 43 SE-VO (§ 28 SEAG) Rn. 2.
[54] Zur weiteren Thematik: *Teichmann*, in SE-Kommentar, Anh. Art. 43 SE-VO (§ 28 SEAG) Rn. 9 f., (§§ 30-33 SEAG) jeweils Rn. 1 ff.

in der Satzung. Zusätzlich ergibt sich aus Abs. 1 eine Begrenzung bzw. ein Maximalzeitraum der Bestellung auf sechs Jahre. Eine erneute Belegung des Amtes ist durch Art. 46 (2) SE-VO möglich.[55]

Für die Abberufung der Mitglieder wird, aufgrund von fehlenden Regelungen in der SE-VO, § 29 SEAG herangezogen.[56] Dabei ist die Hauptversammlung durch Beschluss ermächtigt zu jedem Zeitpunkt Verwaltungsratsmitglieder durch eine Dreiviertelmehrheit abzubestellen, falls nichts Anderes von der Satzung beschlossen wurde.[57]

3. Mitgliederanzahl und persönliche Voraussetzungen

Die Satzung der SE bestimmt durch Art. 43 (2) SE-VO die Mitgliederanzahl. Die weitgehende Autonomie der Satzung ermöglicht eine variable Festsetzung von Mindest- und Maximalbesetzungen des Verwaltungsrates, welche von den Mitgliedstaaten im Aktienrecht präzisiert wird. Bezüglich der monistischen, deutschen SE lässt sich aus § 23 (1) S.1 SEAG eine Regelbesetzung von drei Verwaltungsratsmitgliedern entnehmen. Unter Berücksichtigung einer Erhöhung des Grundkapitals auf mehr als drei Millionen Euro wird die Regelbesetzung zu einer Mindestvoraussetzung im Verwaltungsrat. Die Höchstbesetzung ist im Folgenden durch § 23 (1) S. 3 SEAG konkretisiert und orientiert sich anhand der Schwellenwerte des Grundkapitals, sodass sich eine Maximalgrenze von einundzwanzig Mitgliedern ergeben kann. Sofern Mitbestimmungsregelungen greifen bleiben die Mitgliederanzahlen unberührt durch § 23 (2) SEAG.[58]

Ausgehend von Art. 47 (1) SE-VO ermöglicht die Verordnung eine Mitgliedschaft von natürlichen sowie auch juristischen Personen und Gesellschaften im Verwaltungsrat. Im Gegensatz dazu ist die Besetzung eines Postens in einer deutschen SE durch eine juristische Person ausdrücklich in § 27 (3) SEAG ausgenommen.[59] Diese Regelung besteht bereits in § 100 (1) S. 1 AktG für den Aufsichtsrat und in § 76 (3) S. 1 AktG für den Vorstand, sodass in Deutschland nur natürliche Personen Verantwortung für ein Amt übernehmen können. Entgegen dem Verlangen in der

---

[55] *Austmann*, MüHB AG, § 86 Rn. 4, 11.
[56] *Schmidt*, Die monistische SE in Deutschland, S. 21.
[57] *Binder/Jünemann/Merz/Sinewe*, Die SE, S. 237.
[58] *Reichter/Brandes*, MüKoAktG, SE-VO, Art. 43 Rn. 59 ff.; *Teichmann*, in SE-Kommentar, Art. 43 SE-VO Rn. 33 ff.; Anh. Art. 43 SE-VO (§ 23 SEAG) Rn. 2 ff. Zur Thematik der Mitbestimmung ausführlich *Gruber/Weller*, NZG 2003, S. 297 ff.
[59] *Austmann*, MüHB AG, § 86 Rn. 11.

Literatur hat die Bundesregierung[60] durch § 27 (3) i.V.m § 40 (1) S. 4 SEAG die Chance ergriffen auch für den Verwaltungsrat und den geschäftsführenden Direktoren keine Ausnahmebestimmung in das Gesetz aufzunehmen.[61]

Ein Bestellungsverbot ergibt sich auch aus der SE-VO des Art. 47 (2). Demnach sind in Mitgliedstaaten Personen, die nach dem Aktienrecht keine Befugnis zur Übernahme der Verantwortung in einem Organ haben, von der Mitgliedschaft in den jeweiligen Organen von Rechts wegen ausgeschlossen. Dies schließt auch größtenteils in der Geschäftsfähigkeit beschränkte natürliche Personen mit ein.[62]

Darüber hinaus besteht für die Mitglieder eine Verschwiegenheitsverpflichtung. Durch Art. 49 SE-VO dürfen vertrauliche Informationen, Dokumente sowie Betriebsgeheimnisse, die einen Schaden für die SE bei Veröffentlichung verursachen können, nicht an Außenstehende weitergegeben werden. Nach dem Ausscheiden eines Mitgliedes aus dem Verwaltungsrat erlischt die Verschwiegenheitsverpflichtung aber nicht. Weitergehend greifende Regelungen und Ausnahmen enthält das AktG. Gegenüber Aktionären ist einen Informationsaustausch durch das Auskunftsrecht nach § 131 AktG zulässig. Ferner kann die Übermittlung von Dokumenten auch zulässigerweise im Interesse der SE oder im Interesse der Mitglieder des Verwaltungsrates liegen. Daneben existieren weitere Pflichten, insbesondere im Wertpapierhandels- und Wertpapierübernahmegesetz.[63] Eine Pflichtverletzung der Verschwiegenheit kann unter anderem die Kündigung, eine vorzeitige Abberufung sowie haftungsrechtliche Folgen des § 93 AktG und § 404 AktG nach sich ziehen.[64]

4. Innere Verwaltung

Zur Besetzung des Verwaltungsorgans und des Vorsitzes wird durch Art. 45 SE-VO ein Vorsitzender aus den Reihen der Verwaltungsratsmitglieder bestellt. Die Ernennung ist insoweit zwingend und Ausnahmebestimmungen greifen nur bei paritätischer Mitbestimmung, bei der der Vorsitzende vom Kreis der Anteilseigner gestellt werden muss.[65] Demgegenüber ist aufgrund von § 34 (1) SEAG neben dem

---

[60] Siehe dazu BT-Drucksache 15/3405, S. 38.
[61] *Schmidt*, „deutsche" vs. „britische" SE, S. 291; Für Meinungen in der Literatur siehe Fußnoten 2118 und 2119 in *Schmidt*. Kritisch hierzu auch *Beckert*, Personalisierte Leitung von AGs, S. 194 f.
[62] *Austmann*, MüHB AG, § 86 Rn. 11.
[63] *Schmidt*, „deutsche" vs. „britische" SE, S. 495 f.;
[64] *Teichmann*, in SE-Kommentar, Art. 50 SE-VO Rn. 13. Einzelheiten zur Haftung im Kapitel D.
[65] *Grundmann*, EU-Gesellschaftsrecht, § 29 Rn. 1077.; *Beckert*, Personalisierte Leitung von AGs, S. 138, S. 142 f.

Vorsitzenden bei der deutschen SE ein Stellvertreter zu ernennen, der die Verantwortung und Aufgaben des Vorsitzenden bei Verhinderung übernimmt. Hauptaufgaben des Vorsitzes sind die Koordination und Sicherstellung der Funktionalität des Verwaltungsrates.[66]

Die innere Ordnung des Verwaltungsrates ist in § 34 (2), (3), (4) SEAG ausgestaltet. Absatz 2 des § 34 SEAG ähnelt im Wesentlichen dem § 77 (2) AktG. Dadurch ist der Verwaltungsrat ermächtigt, sich eine Geschäftsführung zu geben, wobei entsprechende Bestimmungen in der Satzung beachtet werden müssen. Ferner ist dem Verwaltungsrat die Option gegeben Ausschüsse aufgrund von § 34 (4) SEAG zu bilden. Die Ausschüsse können aus nicht geschäftsführenden und geschäftsführenden Mitgliedern zusammengesetzt werden und übernehmen in der Regel Vorbereitungsaufgaben für Beschlüsse des Verwaltungsrates. Jedoch unterliegen diese der Berichtspflicht nach § 34 (4) S.3 SEAG. Des Weiteren können in die Ausschüsse die Leitung der Geschäftsführung sowie die Überwachung und die Unternehmensplanung ausgelagert werden. Grundlagengeschäfte sind aber vom Outsourcing ausgenommen.[67]

Wie bereits erwähnt, ist der Verwaltungsrat durch Art. 44 (1) SE-VO verpflichtet mindestens quartalsweise eine Sitzung zum Gang der Geschäfte und weiterer Operationsplanungen der SE abzuhalten, falls nichts Anderes von der Satzung bestimmt wurde. Aus dem Wortlaut wird dazu keine Konkretisierung genannt. Nach der Auslegung von *Scherer* ist anzunehmen, dass die Verordnung nur den Begriff „Geschäfte" kennt und unter diesem alle relevanten Begriffe assoziiert.[68] Bei Einberufung einer Sitzung besagt § 36 SEAG, dass nur Angehörige des Verwaltungsrates das Recht auf Teilnahme haben. *Holland* ist der Ansicht, dass die niedrige Sitzungsrate ein wichtiges Indiz für die Konzeption des Verwaltungsrates als ein Nebenamt ist.[69] Die Satzungsniederschrift ist nach § 34 (3) S. 1 SEAG durch den Vorsitzenden zu unterzeichnen.

Auf Einberufung einer außerplanmäßigen Sitzung haben nur die Verwaltungsratsmitglieder ein formloses Recht durch den Vorsitzenden gemäß § 37 (1) SEAG.

---

[66] *Beckert*, Personalisierte Leitung von AGs, S. 138, S. 142.
[67] *Drinhausen*, in Handbuch zur SE, 5. Kap. Rn. 15 f.; *Scherer*, Dualistisch oder monistisches System, S. 36 f.
[68] *Scherer*, Dualistisch oder monistisches System, S.34 ff.
[69] *Holland*, Führungsorganisation der monistischen SE, S. 142.

Kommt der Vorsitzende dem Verlangen nicht nach, zieht das ein Einberufungsrecht des Verlangenden ohne Genehmigung des Vorsitzenden nach sich durch § 37 (2) SEAG.[70]

Weitreichende Satzungsautonomie besteht hinsichtlich der Beschlussfassung- und Fähigkeit des Verwaltungsrates. Sofern die Satzungsgeber keine Angaben in die Satzung niederschreiben gelten die Regelungen in Art. 50 (1) a) SE-VO, dass Beschlüsse mit der Hälfte der Anwesenden und dem Mehrheitsprinzip entschieden werden. Ein Zweitstimmrecht kommt dem Vorsitzenden bei Stimmengleichheit zu, um eine Diskriminierung der Anteilseigner zu verhindern.[71]

5. Aufgabenabgrenzung zu den geschäftsführenden Direktoren

Die Abgrenzung des Verwaltungsrates gegenüber den geschäftsführenden Direktoren ist nicht nur durch die begriffliche Abgrenzung sowie der Kompetenzen zwischen laufenden Geschäften, und der Verantwortung zur Leitung der Gesellschaft gekennzeichnet, sondern auch durch die hierarchische Ebene voneinander getrennt. Der deutsche Gesetzgeber hat bewusst eine Unterordnung der Geschäftsführung der Direktoren gegenüber der Unternehmensleitung des Verwaltungsrates angeordnet, da die Direktoren nicht die Stellung eines gleichberechtigten Organs einnehmen sollen. Ein Hinweis darauf lässt sich aus in Art 43 (4) SE-VO i.V.m § 40 (1) SEAG entnehmen, welches zugleich eine Ermächtigungsgrundlage darstellt. Die Geschäftsführung ist demnach aus den Mitgliedern des Verwaltungsrates zu wählen. Aufgrund von § 40 (1) S. 2 SEAG ist aber die Mehrheit verpflichtet nicht geschäftsführende Aufgaben wahrzunehmen. Die Direktoren sind außerdem durch § 44 (2) SEAG an die Weisungen des Verwaltungsrates gebunden und können jederzeit gemäß § 40 (5) SEAG abberufen werden. Ferner ist die Bestellung von einem Geschäftsführer aufgrund von Art. 43 (1) S. 2 SE-VO bei Vorhandensein der entsprechenden Voraussetzungen möglich.[72]

---

[70] *Reichtert/Brandes*, MüKoAktG, SE-VO, Art. 44 Rn. 16 f.
[71] *Teichmann*, in SE-Kommentar, Anh. Art. 43 (§ 35 SEAG) Rn. 10.
[72] *Scherer*, Dualistisches oder Monistisches System, S. 38 f.; *Reichert/Brandes*, MüKoAktG, SE-VO, Art. 43 Rn. 13 ff.; *Drinhausen*, in Handbuch zur SE, 5. Kap. Rn. 22 ff.; *Bartone/Klapdor*, Die Europäische AG, S. 74; *Holland*, Führungsorganisation einer monistischen SE, S. 156 f.

a) Funktion der geschäftsführenden Direktoren

Die in den vorherigen Abschnitten bereits erwähnte Geschäftsführung ist die Kernaufgabe der geschäftsführenden Direktoren gemäß § 40 (2) S. 1 SEAG. Den geschäftsführenden Direktoren obliegt die operative und taktische Planung der Unternehmensgeschäfte um die Vorgaben des Verwaltungsrates zu erfüllen, wobei diese die Beschränkungen der Satzung, dem Verwaltungsrat, der Hauptversammlung sowie der Geschäftsordnung zu beachten haben nach § 44 (2) SEAG.[73]

Im Gegensatz zu Art. 43 (1) S. 2 SE-VO, der nur die Führung unter eigener Verantwortung des Tagesgeschäftes vorsieht, besteht ein wesentlicher Unterschied zu § 40 (2) S. 1 SEAG in dem Sinne, dass der Begriff hier weiter gefasst ist und als Abgrenzung zum § 76 (1) AktG dies nicht in eigener Verantwortung geschieht, da die Direktoren weisungsgebunden sind.[74] Eine Beschränkung der Geschäfte und somit der Verantwortung kann sich aus beschlussbedürftigen Handlungen ergeben nach Art. 48 (1) SE-VO. Damit sind auch alle Operationen in der umfassenden Geschäftsführungsbefugnis inbegriffen, die nicht die Kompetenz des Verwaltungsrates, der Satzung oder der Hauptversammlung beschneiden. Die geschäftsführenden Direktoren sind in dem Sinne nicht als ein Organ[75], sondern als die Exekutive zu verstehen.[76]

Weiterführende Aufgaben der geschäftsführenden Direktoren sind die Anmeldungen im Handelsregister nach § 40 (2) S. 4 SEAG, die Aufstellung des Jahresabschlusses bzw. Lageberichts nach § 47 (1) SEAG sowie die Einhaltung diverser Pflichten. Außerdem gilt für die Direktoren der Grundsatz der gemeinschaftlichen Vertretung, wenn keine andere Regelung in der Satzung oder Geschäftsordnung besteht nach § 40 (2) S. 2 SEAG. Die Vertretungsbefugnis im Außenverhältnis ist von Beschränkungen ausgenommen durch § 44 (1) SEAG. Auf haftungsrechtliche Problematiken verweist § 40 (8) SEAG, auf die Sorgfaltspflicht und Verantwortlichkeit des § 93 AktG.[77]

---

[73] *Teichmann*, BB 2004, S. 54.; *Teichmann*, in SE-Kommentar, Anh. Art. 43 SE-VO (§ 44 SEAG) Rn. 5 ff.

[74] *Hirte*, DStR 2005, 702.

[75] Dieser Auffassung ist *Bartone/Klapdor*, Europäische AG, S. 74.; *Kallmeyer*, ZIP 2003, S. 1531; anderer Ansicht ist: *Binder/Jünemann/Merz/Sinewe*, Die SE, S. 241. Eine flexible Auffassung vertritt *Thamm*, NZG 2008, S. 132.

[76] *Beckert*, Personalisierte Leitung von AGs, S. 180 f.; *Bartone/Klapdor*, Europäische AG, S. 74 f.; *Drinhausen*, in Handbuch zur SE, 5. Kap. Rn. 18 ff.

[77] *Korts*, Societas Europaea, S. 17.

b) Bestellung

Die monistische SE ermöglicht neben der Besetzung durch Verwaltungsratsmitglieder auch die Bestellung von externen Dritten zu geschäftsführenden Direktoren. Wobei die Gestaltungsfreiheit durch § 40 (1) S. 2 SEAG insoweit eingeschränkt ist, das die Mehrheit des Verwaltungsrates aus nichtgeschäftsführenden Direktoren bestehen muss.[78]

Eine Begrenzung hinsichtlich der Anzahl der geschäftsführenden Direktoren ist nicht festgelegt, da § 40 (1) S. 1 SEAG dem Verwaltungsrat Wahlfreiheit bezüglich der Anzahl ermöglicht. Die Voraussetzungen der Wählbarkeit sind den beschriebenen Merkmalen in C. IV. 4. gleichzusetzen. Eine Bestellung eines Vorsitzenden des geschäftsführenden Direktoriums ist zwar nicht geregelt, erfolgt aber durch Mehrheitsbeschluss des Verwaltungsrates aufgrund von Art. 50 (1) b) SE-VO. Eine gleichzeitige Ausübung des Amtes als Verwaltungsratsvorsitzender ist nicht ausgeschlossen. Eine Abberufung kann jederzeit durch den Verwaltungsrat erfolgen, sofern die Amtszeitdauer nicht in der Satzung festgeschrieben ist durch § 40 (5) SEAG.[79]

D. System der Innenhaftung der Verwaltungsratsmitglieder

Neben dem erläuterten Aufbau des Verwaltungsrates der monistischen SE mit Sitz in Deutschland und der herausgearbeiteten Struktur wird in den folgenden Abschnitten die Innenhaftungsproblematik eines Verwaltungsratsmitglieds präsentiert. Im Zentrum der Analyse steht der § 93 AktG und dessen Spezifika hinsichtlich Schadensersatzansprüche aufgrund von Pflichtverletzungen. Ferner wird daraufhin zuerst die Anwendbarkeit des Art. 51 SE-VO i.V.m § 39 SEAG geprüft, bevor die Sorgfaltspflicht in § 93 AktG mit der Abgrenzungsproblematik untersucht wird. Anschließend werden weitere Pflichten im Rahmen des § 93 AktG erläutert sowie die Einflüsse des DCGK in Bezug auf die Ausgestaltung der Innenhaftung hinzugezogen.

---

[78] *Schmidt*, „deutsche" vs. „britische" SE, S. 608.
[79] *Schmidt*, „deutsche" vs. „britische" SE, S. 610 f.; *Reichert/Brandes*, MüKoAktG, SE-VO, Art. 43 Rn 121 ff.

I. Anwendungsbereich

1. Regelungssystematik des Art. 51 SE-VO

a) EU-rechtlicher Mindestrahmen und Pflichten der Haftung

Durch Art. 51 SE-VO werden die Mitglieder der Organschaften einer im Sitzstaat ansässigen SE für die Haftung anhand Vorschriften bezüglich der AGs herangezogen. Maßgeblich ist dabei der Schaden, der der SE durch eine Pflichtverletzung der Organmitglieder bei Amtsausübung ihrer obliegenden gesetzlichen, satzungsmäßigen oder ähnlichen Pflichten entsteht.

Der verabschiedete Text der Verordnung verweist auf mitgliedstaatliches Recht. Durch den eindeutigen Wortlaut wird der Wille des europäischen Gesetzgebers präzise ausgedrückt. Eine Haftung von Organmitgliedern einer SE soll nach den Vorschriften des Aktienrechts in dem jeweiligen Mitgliedstaat geschehen. Sinn und Zweck dieser Regelung ist die Verhinderung einer Diskriminierung der SE gegenüber nationalen aktienrechtlichen Gesellschaftsformen.[80] Im Hintergrund dieser Systematik stehen der bereits erwähnte Gleichbehandlungsgrundsatz im Erwägungsgrund 5 der SE-VO sowie das Verbot SEs schlechter zu stellen als nationale Rechtsformen durch Art. 10 SE-VO (Diskriminierungsverbot).[81] Durch hinzuziehen des Gedankens, dass die SE-VO lediglich ein Kompromiss der Mitgliedstaaten ist, ist der Ansicht von *Metz* und *Teichmann* zuzustimmen, dass Art. 51 SE-VO nur insoweit eine minimale Anforderung im Rahmen der Haftung an das mitgliedstaatliche Recht stellt.[82]

Durch die bereits angesprochene Normenpyramide verweist Art. 9 (1) c) ii) und Art. 51 SE-VO auf die ausreichenden Haftungsregeln der Mitgliedstaaten. Um dem Gleichbehandlungsgrundsatz gerecht zu werden, hat der europäische Gesetzgeber den Art. 51 SE-VO als eine Spezialverweisung im Sinne der Organhaftung ausgestaltet, dessen Anwendungsbereich eindeutig definiert ist.[83] Die Funktion der Spezialverweisung ergibt sich demnach als Verweis auf das mitgliedstaatliche Recht. So sollen diverse Begriffsunklarheiten der Auslegung nationalem Recht unterstellt

---

[80] *Schmidt*, Die monistische SE in Deutschland, S. 313.
[81] *Grundmann*, EU-Gesellschaftsrecht, § 29 Rn. 1043; sowie *Wagner*, NZG 2002, S. 985 ff.
[82] *Metz*, Monistische Organhaftung, S. 76; so auch *Teichmann*, SE-Kommentar, Art. 51 SE-VO Rn. 6.
[83] *Teichmann*, SE-Kommentar, Art. 51 SE-VO Rn. 5 f.; *Reichert/Brandes*, MüKoAktG, SE-VO, Art. 51 Rn. 2.

werden.[84] Art. 51 SE-VO genießt somit den Vorrang vor der Generalverweisung des Art. 9 (1) c) SE-VO durch das gemeinschaftsrechtliche Spezialitätsprinzip unabhängig vom Wortlaut der Norm selbst.[85] Die Verweisungstechnik ermöglicht eine konsequente Organisation, die eine funktionale Aufteilung der Aufgabenressorts beinhaltet, um die einzelnen Organmitglieder nur für ihr eigenes Handeln haftbar zu machen.[86]

Fraglich ist, welche Pflichten sich aus Art. 51 SE-VO ergeben und ob dieser als Ermächtigungsgrundlage dient. Die Pflichten der Organmitglieder können sich ebenfalls aus der Satzung ergeben, falls diese dort niedergeschrieben werden. Eine Anwendung der Satzung der SE kommt nur in Betracht, wenn Art. 9 (1) b) SE-VO dies zulässt. Nach *Schmidt* ist Art. 51 SE-VO so auszulegen, dass die Pflichten von Organmitgliedern nur durch die Satzung festgelegt werden können, wenn die SE-VO eine Anwendung zulässt. Satzungsgeber haben demnach nur die Möglichkeit die Pflichten in ihrer Satzung zu konkretisieren. Art. 51 SE-VO ist somit nicht ausdrücklich als Ermächtigungsgrundlage zu verstehen.[87]

Weitere Organpflichten, die eine Haftung eines Verwaltungsratsmitglieds auslösen, können sich aus dem Gesetz ergeben. Die individuelle Pflicht eines Verwaltungsratsmitgliedes bei Ausübung des Amtes setzt sich aus Art. 43 ff. SE-VO, den deutschen Vorschriften des § 20 ff. SEAG sowie aus dem AktG zusammen. In diesem Konstrukt bilden die Kompetenzen des Verwaltungsorgans zugleich die Pflichten der Mitglieder ab. Weiterhin kann eine schuldrechtliche Vereinbarung auch als sonstige Pflicht in Betracht kommen. Ein allgemeiner Maßstab für pflichtgemäßes Verhalten lässt sich aber kaum konkretisieren. Zwar existieren Haftungsbegrenzungen, z.B. durch die Business Judgement Rule in § 93 (1) S. 2 AktG, dennoch hat der europäische Gesetzgeber hier ausdrücklich darauf verzichtet einen Maßstab für die SE-VO zu entwickeln, aufgrund der schon ausreichenden Ausgestaltung im mitgliedstaatlichem Recht.[88]

---

[84] *Metz*, Monistische Organhaftung, S. 77.
[85] *Wagner*, NZG 2002, S. 987; so auch *Reichert/Brandes*, MüKoAktG, SE-VO, Art. 51 Rn. 2.
[86] *Hommelhoff*, AG 2001, S. 297, 284; *Reichert/Brandes*, MüKoAktG, SE-VO, Art. 51 Rn. 5.
[87] *Schmidt*, Die monistische SE in Deutschland, S. 320 f.
[88] *Teichmann*, SE-Kommentar, Art. 51 SE-VO Rn. 7 ff.

b) Tatbestand und Rechtsfolge

Dadurch, dass Art. 51 SE-VO einen hohen Ausgestaltungsspielraum wie bei der Umsetzung einer Richtlinie genießt, müssen nationale Tatbestände die Haftungsmerkmale des Art. 51 SE-VO ausfüllen und die Haftung der Mitglieder des Verwaltungsorgans festlegen.[89] Bezüglich der Anforderungen des Art. 51 SE-VO lassen sich folgende Tatbestandsmerkmale als Mindestanforderung erkennen:

Wie bereits angesprochen muss zum einen eine Pflicht des Mitglieds in Art. 51 SE- VO vorliegen, die entweder gesetzlicher, satzungsmäßiger oder vertraglicher bzw. sonstiger Natur ist. Das Mitglied selbst muss eine Pflichtverletzung während der Amtsausübung begangen haben.[90] Durch die Pflichtverletzung muss ein Schaden entstanden sein, wobei der Schadensbegriff sich nach der nationalen Definition bestimmt. Zusätzlich zur Kausalität zwischen Schaden und Pflichtverletzung spielt die Ermessensfrage des Verschuldensmaßstabs sowie die Beweislast eine Rolle, deren Definition dem mitgliedstaatlichem Recht überlassen ist.[91]

Die Erfüllung der Tatbestandsvoraussetzungen führt zur Rechtsfolge der Haftung der Mitglieder des Verwaltungsorgans. Eine Begründung des Schadensersatzanspruchs erfolgt durch die Verletzung der Verpflichtung, der Haftung durch eigenes Fehlverhalten und dem entstandenen Schaden für die Gesellschaft. Nach dem Wortlaut des Art. 51 SE-VO wird zwar nur vom Schaden der SE gesprochen, aber *Merkt* hält entgegen, dass dies nicht den Tatbestand der Haftung einschränkt.[92] Dabei soll ja gerade das Ziel der Innenhaftung den Ausgleich des entstandenen Schadens bewirken und eine präventive Ausstrahlung besitzen um Verwaltungsratsmitglieder zur Pflichterfüllung anzuregen.[93] Schutzwirkung entfaltet die Innenhaftung für die Aktionäre der SE und für das Vermögen der Gesellschaft.[94]

Durch die weite Ausgestaltung des Art. 51 SE-VO können auch Klagerechte der Aktionäre zur Geltendmachung des Schadens der Gesellschaft im nationalen Recht erfasst werden.[95]

---

[89] *Metz*, Monistische Organhaftung, S. 80.
[90] *Boettcher*, Kompetenzen Verwaltungsrat und geschäftsführende Direktoren, S. 89.
[91] *Teichmann*, SE-Kommentar, Art. 51 SE-VO Rn. 10.
[92] *Merkt*, ZGR 2003, S. 650, 674; Teichmann, SE-Kommentar, Art. 51 SE-VO Rn. 10 f.
[93] *Boettcher*, Kompetenzen Verwaltungsrat und geschäftsführende Direktoren, S. 89.
[94] *Spindler*, MüKoAktG, AktG, § 93 Rn. 1; *Boettcher*, Kompetenzen Verwaltungsrat und geschäftsführende Direktoren, S. 89.
[95] *Teichmann*, SE-Kommentar, Art. 51 SE-VO Rn. 11.

2. Anwendbarkeit §§ 93, 116 AktG

a) Organhaftung

Nach der Organtheorie in § 31 BGB ist die Haftung als gesetzlich festgelegte Haftung der Organmitglieder zu verstehen. Die Handlung des Mitglieds muss dabei während seiner Pflichtausübung begangen sein. Darin liegt genau das Ziel der Organhaftung. Die Gesellschaft ist für das Handeln ihrer Organe verantwortlich. Bei der Verantwortlichkeit richtet sich die Haftung zum einen nach dem gesetzlichen Maßstab und zum anderen an die Stellung des Mitglieds innerhalb des Organs.[96]

Für die Frage des Beginns und Ende der Haftung ist der Anknüpfungspunkt an die Organstellung entscheidend. Denn innerhalb der Organhaftung ist durch die Trennungstheorie neben haftungsrechtlichen auch unter korporations- und schuldvertragsrechtlichen Ebenen zu differenzieren. Die Organhaftung nimmt dabei die Stellung einer eigenen Anspruchsgrundlage ein. Es besteht zwar eine Konkurrenz zwischen den Anspruchsgrundlagen aus Organhaftung, Anstellungsverträgen und deliktischer Haftung, aber die Organhaftung an sich ist gleichwertig zu den anderen Anspruchsgrundlagen und verdrängt diese nicht, da diese ein Instrument zur Kontrolle der Unternehmensführung ist.[97] Es reicht daher nur eine Organstellung aus, um einen Schadensersatzanspruch auszulösen. Eine vertragliche Bindung zwischen Mitglied und dem Unternehmen bedarf es dabei nicht.[98]

Aufgrund der Anwendung der Organtheorie auf das Verhältnis des Unternehmens zu Dritten steht diese dem Art. 51 SE-VO nicht im Weg. Denn Art. 51 SE-VO regelt nur die Frage des Schadensersatzes der Gesellschaft gegenüber den Organmitgliedern. Die Organhaftung nach § 31 BGB ist somit eher für das Außenverhältnis der SE in Bezug auf unerlaubte Handlungen relevant. Daher finden auf die Mitglieder des Verwaltungsrates die entsprechenden Vorschriften der §§ 93, 116 AktG Anwendung.[99]

---

[96] *Hüffer/Koch*, AktG, § 78 Rn. 23; *Metz*, Monistische Organhaftung, S. 55; *Schmidt*, Die monistische SE in Deutschland, S. 324.

[97] *Hopt/Roth*, in Großkommentar AktG, § 93 Rn. 45 f.; *Fleischer*, Handbuch des Vorstandrechts, § 11 Rn. 2 f.; *Metz*, Monistische Organhaftung, S. 55.

[98] *Thümmel*, Persönliche Haftung von Managern und Aufsichtsräten, S. 34.

[99] *Schmidt*, Die monistische SE in Deutschland, S. 324; *Nagel*, in Kommentar zum SEBG, 2. Kap. Rn. 124.

b) Organhaftungstatbestände der deutschen SE

Die Organhaftungstatbestände sind für die Haftung zwischen Verwaltungsratsmitglieder (nicht geschäftsführende) und geschäftsführende Direktoren zu unterscheiden. Die Besonderheit des geschäftsführenden Verwaltungsratsmitglieds ist aus Gründen der Haftungsstruktur unter dem Tatbestand der Direktoren gefasst worden.

aa) Verwaltungsratsmitglieder

Für die Haftung der Mitglieder eines Verwaltungsorgans richtet sich die Spezialverweisung des Art. 51 SE-VO auf mitgliedstaatliches Recht.[100] Wie im Kapitel B. I. 2 beschrieben, konnte der deutsche Gesetzgeber somit eigenständige Regelungen zum Organhaftungstatbestand einer deutschen SE schaffen und bedient sich der bereits bestehenden Normen aus dem Aktienrecht. Regelungstechnisch ist durch § 39 SEAG der § 93 AktG auf die Mitglieder des Verwaltungsrats für die Sorgfaltspflicht und Verantwortlichkeit anwendbar. Der Sorgfaltsmaßstab eines Verwaltungsratsmitglieds wird durch § 39 SEAG i.V.m § 93 (1) AktG geregelt. Der eigentliche Haftungstatbestand bei Verletzung dieser Pflicht wird in § 39 SEAG i.V.m § 93 (2) AktG konkretisiert und die Tatbestandsmerkmale sind denen bei der Anwendung von Vorständen bei der AG ähnlich.[101]

Die Besonderheiten des monistischen Verwaltungsrates sind aber unter Umständen an die Grundzüge des § 93 AktG anzupassen. Darunter fallen die Aufgabenbereiche der Mitglieder, denn die Grundlage für die Pflichtverletzung ist ein eigenes Verschulden oder Fehlverhalten. Dementsprechend ist bei der Sorgfaltspflicht und Verantwortlichkeit zwischen geschäftsführenden und nicht geschäftsführenden Mitgliedern im Detail auf die Aufgabenstellung zu achten, da diese unterschiedlich ausgestaltet sind.[102]

Für die Anwendbarkeit der §§ 93, 116 AktG bei Verwaltungsratsmitgliedern spricht einerseits der einheitliche EU-rechtliche Mindestrahmen der Haftung durch Art. 51 SE-VO und andererseits die monistischen Eigenschaften. Die funktionale und personelle Trennung beim Sorgfaltsmaßstab steht nämlich der Anwendbarkeit

---

[100] *Reichert/Brandes*, MüKoAktG, SE-VO, Art. 51 Rn. 1.
[101] *Thümmel*, Persönliche Haftung von Managern und Aufsichtsräten, S. 36; *Teichmann*, in Handbuch Managerhaftung, § 5 Rn. 21 ff.; *Reichert/Brandes*, MüKoAktG, SE-VO, Art. 51 Rn. 7. Beckert, Personalisierte Leitung von AGs, S. 203.
[102] *Boettcher*, Kompetenzen Verwaltungsrat und geschäftsführende Direktoren, S. 89.; *Teichmann*, in Handbuch Managerhaftung, § 5 Rn. 21 ff.; *Drinhausen*, in Handbuch zur SE, 5. Kap, Rn. 53.

nicht im Weg. Ebenso wenig die Verweisungssystematik der Verwaltungsratsmitglieder auf den § 93 AktG. § 39 SEAG verweist eben nicht auf den § 116 AktG für Aufsichtsräte.[103] Aber sie ähnelt inhaltlich diesem und ist an der Haftung der Aufsichtsratsmitglieder orientiert.[104] Eine Anwendbarkeit ist somit gegeben.

Aus diesen Gründen kann man beim § 93 AktG von einer Generalklausel für die Innenhaftung der Mitglieder des Verwaltungsrats sowie Vorständen und Aufsichtsräten einer AG sprechen.[105] Die angedeuteten Merkmale des Schadensausgleich und der Schadensprävention sind zentrale Bestandteile des § 93 AktG bei der Organhaftung von Aufsichtsräten und Vorständen. Zudem ist der § 93 AktG Teil der Corporate Governance nach § 161 AktG und somit des DCGK zur Unternehmensüberwachung. Anregungen für die Transparenz und die Schaffung von Kontrollsystemen zur Gefahrenabwehr bieten zur Haftungsproblematik des § 93 AktG eine weitere Interpretationshilfe bei Verletzung der Pflichten.[106]

bb) Geschäftsführende Direktoren und Verwaltungsratsmitglieder
Wie bei den nicht geschäftsführenden Mitgliedern geht die Haftung der geschäftsführenden Direktoren und Verwaltungsratsmitglieder von Art. 51 SE-VO aus. Dabei regelt Art. 51 SE-VO nicht implizit die Haftung von geschäftsführenden Direktoren oder Mitgliedern. Greift man auf den Gedanken des EU-rechtlichen Mindestrahmens für die Organhaftung zurück, so ist es den Mitgliedstaaten überlassen entsprechende Haftungsregelungen zu schaffen. Aufgrund der fehlenden Regelung besteht kein Haftungstatbestand aus der Spezialverweisung des Art. 51 SE-VO. Deshalb finden nationale Vorschriften nur Anwendung durch die Generalverweisung des Art. 9 (1) c) i) SE-VO. Der deutsche Gesetzgeber hat keine Differenzierung bezüglich geschäftsführender Verwaltungsratsmitglieder und Direktoren geschaffen und diese als geschäftsführende Direktoren zusammengefasst.[107] Beide haften nach dem Tatbestand des § 40 (8) SEAG mit Verweis auf den § 93 AktG für die

---

[103] *Teichmann*, in Handbuch Managerhaftung, § 5 Rn. 23 f.; Metz, Monistische Organhaftung, S. 60.

[104] *Drinhausen*, in Handbuch zur SE, 5. Kap., Rn. 53.

[105] *Teichmann*, in SE-Kommentar, Art. 51 Rn. 20.

[106] *Hopt/Roth*, in Großkommentar AktG, § 93 Rn. 28 ff.

[107] *Beckert*, Personalisierte Leitung von AGs, S. 202 ff.; Metz, Monistische Organhaftung, S. 60 f.

Gewährleistung der Sorgfaltspflicht und Verantwortlichkeit. Aufgrund der Weisungsbefugnis des Verwaltungsrates sind bei der Einrichtung eines Geschäftsführers auch die Vorschriften zur Haftung im GmbHG heranzuziehen.[108]

Eine Besonderheit ergibt sich aber dennoch bei den geschäftsführenden Verwaltungsratsmitgliedern. Die Haftung unterteilt sich hier in zwei Bereiche, die in Abhängigkeit zu der Amtsausübung begangenen, pflichtverletzenden Tätigkeit steht. Zum einen haftet das Mitglied bei Tätigkeiten in der Geschäftsführung nach § 40 (8) SEAG i.V.m § 93 AktG, ermöglicht durch Art. 9 (1) c) i) SE-VO, zum anderen nach § 39 SEAG i.V.m § 93 AktG auf der Grundlage von Art. 51 SE-VO bei nichtgeschäftsführenden Tätigkeiten. Grund hierfür kann die gleichzeitige Belegung von Ämtern eines Verwaltungsratsmitglieds sein.[109]

3. Zwischenfazit

Im Zuge der Untersuchung hat sich herausgestellt, dass die SE-VO mit der Spezialverweisung nach Art. 51 SE-VO die Innenhaftungstatbestände von Organmitgliedern nicht konkretisiert und nur Mindestanforderungen an die Haftung stellt. Dabei regelt die Spezialverweisung nicht die Haftung der geschäftsführenden Direktoren, denn für diese kommt die Generalverweisung des Art. 9 (1) c) i) SE-VO zur Anwendung. Für die Haftung ist in beiden Fällen deutsches Recht hinzuzuziehen. Der Verweis nach §§ 39, 40 (8) SEAG auf § 93 AktG ist für die Innenhaftung anwendbar und indiziert für Verwaltungsratsmitglieder auch eine Berücksichtigung des § 116 AktG.

Daher lässt sich zusammenfassen, dass die Innenhaftung der Verwaltungsratsmitglieder einer monistisch geführten SE mit Sitz in Deutschland nach deutschem Recht zwei unterschiedliche Organhaftungsansprüche der SE gegenüber ihren Mitgliedern begründet. Die Ausgestaltung nach deutschem Recht erfolgt im nächsten Kapitel.

---

[108] *Beckert*, Personalisierte Leitung von AGs, S. 203; *Schmidt*, „deutsche" vs. „britische" SE, S. 613; *Lutter/Bayer/Schmidt*, Europäisches Unternehmens- und Kapitalmarktrecht, S. 1503 f.
[109] *Drinhausen*, in Handbuch zur SE, 5. Kap., Rn. 55.; *Metz*, Monistische Organhaftung, S. 63.

II. Innenhaftung

Nach Anwendbarkeit der §§ 93, 116 AktG werden die folgenden Ausführungen der Haftung sich auf Besonderheiten der Innenhaftung einer monistisch geprägten SE in Deutschland beschränken.

In wie weit der Sorgfaltsmaßstab an die Verwaltungsratsmitglieder und an geschäftsführende Direktoren an die Pflichten angepasst werden muss, wird anhand der Tatbestände des § 93 (2) S. 1 i.V.m (1) S. 1, 2 AktG behandelt. Neben der Organstellung und Abgrenzungsproblematiken wird im ersten Schritt der Sorgfaltsmaßstab im AktG betrachtet, bevor im zweiten Schritt eine Übertragbarkeit auf die monistische SE untersucht wird. Im letzten Schritt wird eine Anwendbarkeit überprüft.

1. Legitimation und Organstellung

Grundsätzlich setzt eine Haftung eines Verwaltungsratsmitglieds einen Anspruch aus § 93 (2) S. 1 i.V.m. (1) S. 1 voraus. Dieser gründet sich im Aktienrecht auf die Stellung des Vorstandsmitglieds innerhalb des Organs. Ein fehlender Anstellungsvertrag ist nicht zwingend maßgeblich und schließt die Haftung nicht aus.[110] Ebenso wenig ist ein fehlerhafter, nichtiger Vertrag bei Bestellung kein Grund für den Ausschluss der Haftungsnorm des § 93 AktG und des Tatbestandsmerkmals der Organstellung.[111]

Auf die SE anwendbaren Vorschriften der §§ 39, 40 (8) SEAG i.V.m § 93 (2) S. 1, (1) S. 1 AktG ist die Stellung als Verwaltungsratsmitglied sowie der geschäftsführenden Mitglieder und Direktoren als Tatbestand der Organstellung vorhanden. Die aktienrechtlichen Merkmale des § 93 AktG sind für die Legitimation des Anspruches ausreichend. Der Art. 51 SE-VO erfüllt den Mindestrahmen des Anspruches.[112]

Demnach ist derjenige anspruchsberechtigt, der eine Aktivlegitimation besitzt. Im Falle der Innenhaftung der monistischen SE in Deutschland ist dies die SE als Gesellschaft selbst, wenn ihr ein Schaden durch ein Mitglied entstanden ist. Da das

---

[110] *Spindler*, MüKoAktG, § 93 Rn. 11; *Hopth/Roth*, in Großkommentar AktG, § 93 Rn. 45; *Fleischer*, in Kommentar AktG, § 93 Rn. 3.
[111] *Spindler*, MüKoAktG, § 93 Rn. 11, 15 ff.
[112] *Metz*, Monistische Organhaftung, S. 97.

Aktienrecht von der Vertretung des Aufsichtsrats nach § 112 AktG ausgeht, ist analog für die Untersuchung die Vertretung durch den Verwaltungsrat nach § 41 (5) SEAG anzunehmen, soweit sich nichts Weiteres bestimmt.[113]

Anspruchsgegner ist, wer eine Passivlegitimation besitzt. Eine solche ergibt sich aus § 93 (2) S. 1 AktG, sodass es im Innenhaftungsfall nach § 39 SEAG ein Mitglied des Verwaltungsrates oder gemäß § 40 (8) SEAG ein geschäftsführender Direktor ist. Des Weiteren darf der Anspruch nach § 93 (4) AktG nicht ausgeschlossen und keine Verjährung durch § 93 (6) AktG eingetreten sein.[114]

Die Haftung der Verwaltungsratsmitglieder beginnt mit der Bestellung oder der Wahl. Im Falle einer fehlerhaften Bestellung beginnt die Haftung zu dem Zeitpunkt, zu dem das Mitglied davon Kenntnis nimmt und bereits Tätigkeiten im Rahmen des Amtes vollzieht oder diese vernachlässigt. Ein Haftungsende kommt nur bei Niederlegung, sachgemäßer Beendigung des Amtes durch Zeitablauf oder durch vorzeitige Abberufung. Treue- und Verschwiegenheitspflichten sowie weitere einzelne Pflichten können nach Beendigung des Amtes weiterhin die Haftung aufrechterhalten.[115]

2. Pflichtverletzung

a) Abgrenzungsproblematiken in Haftungsfällen

Zur Ressorteinteilung und Bestimmung der Aufgaben erfolgte bereits eine Trennung zwischen Verwaltungsrat und geschäftsführende Direktoren. Fraglich für die Haftung ist aber weiterhin wie sich die Teilung der Aufgabenbereiche auf die Haftung auswirkt und in wie fern der Sorgfaltsmaßstab an die Aufgaben während der Amtsausübung angepasst werden muss.

Die laufenden Geschäfte der Direktoren nach § 40 (8), (2) S. 1 SEAG i.V.m. § 93 (2) S. 1 AktG müssen von den Verantwortungsbereichen des Verwaltungsrates gemäß §§ 39, 22 (1) SEAG i.V.m § 93 (2) S. 1 AktG unterschieden werden.[116] Demnach stellt die Oberleitung des Verwaltungsrates eine Problematik in dem

---

[113] *Drinhausen*, in Handbuch zur SE, 5. Kap. Rn.17; *Frodermann*, in Handbuch der Europäische AG, 5. Kap. Rn. 284.

[114] *Frodermann*, in Handbuch der Europäische AG, 5. Kap. Rn. 284.

[115] *Wellhöfer*, in Haftung von Vorstand, Aufsichtsrat, Wirtschaftsprüfer, § 2 Rn. 13; *Frodermann*, in Handbuch der Europäische AG, 5. Kap. Rn. 281, 283; *Spindler*, MüKoAktG, § 93 Rn. 12 ff.

[116] *Merkt*, ZGR 2003, S. 671 ff.; *Kallmeyer*, ZIP 2003, S. 1531, 1533; sowie *Eder*, NZG 2004, S. 544 f. stimmen dem zu.

Sinne dar, dass sie für die laufenden Geschäfte die Grundlinien festlegen, an denen sich die Maßnahmen der Geschäftsführung zu orientieren hat. Eine Fehlentscheidung in einer geschäftlichen Maßnahme kann dementsprechend nur schwer ausgemacht werden für die entsprechende Haftung der Direktoren. Andererseits kann eine falsche Entscheidung im strategischen Management für die geschäftliche Maßnahme ebenfalls im Bezug zur Haftung stehen, da Verwaltungsratsmitglieder zur Haftung herangezogen werden können.[117]

Ferner wird von dem Haftungstatbestand auch ein Versäumnis der Weisungspflicht der Verwaltungsratsmitglieder erfasst, wenn eine operative Tätigkeit trotz Rechtswidrigkeit von den geschäftsführenden Direktoren ausgeführt wird. Zwar besteht eine Weisungsgebundenheit nach § 44 (2) SEAG für die Direktoren, aber andererseits gibt es keine Regelung, welche die Pflicht zur Ergreifung von Weisungen seitens der nicht geschäftsführenden Verwaltungsratsmitglieder beschreibt. Die Oberleitung der Gesellschaft sowie die Überwachung obliegt aber unter dem Sorgfalts- und Verantwortlichkeitsmaßstab den Verwaltungsratsmitgliedern durch §§ 39, 22 (1), (3) S. 2 SEAG i.V.m § 93 (2) S. 1 AktG. Genau deshalb ist im jeweiligen Haftungsfall gegenüber den Direktoren festzustellen, in wie weit die Weisungsbefugnis der Verwaltungsratsmitglieder sich in eine Pflicht umgewandelt hat. Ein Versäumnis der Weisungspflicht führt in dem Fall zu einer Haftung der nicht-geschäftsführenden Mitglieder.[118]

Es kann somit festgehalten werden, dass die mit der Überwachung und strategischen Unternehmensplanung betrauten Verwaltungsratsmitglieder Haftungsrisiken bezüglich jeder einzelnen Pflicht haben nach § 39 SEAG i.V.m § 93 (2) S. 1 AktG. Bei den Direktoren ist auch die Weisungsbefugnis gegenüber den nicht geschäftsführenden Mitgliedern zu prüfen.[119] Die Ressortverteilung im Verwaltungsrat wirkt sich dabei auf den Sorgfaltsmaßstab der einzelnen Mitglieder aus. Die Verantwortung erstreckt sich als erstes auf die auszuübenden Tätigkeitsfelder. Soweit sich durch die Geschäftsaufteilung die Verantwortung splittet, kann sich bezüglich der Haftung eine Entlastung oder Verschärfung ergeben. Die Überwachung der Direktoren und die Kontrolle derer bleiben aber durch das Gesamtverantwortungsprinzip

---

[117] *Scherer*, Dualistisches oder Monistisches System, S. 115; *Merkt*, ZGR 2003, S. 671 ff.
[118] *Scherer*, Dualistisches oder Monistisches System, S. 115 f.; *Teichmann*, in Handbuch Managerhaftung, § 5 Rn. 30, 44 f.; Zur Weisungspflicht ausführlich *Kallmeyer*, ZIP 2003, S. 1532 f;
[119] *Scherer*, Dualistisches oder Monistisches System, S. 115, 118; *Teichmann*, in Handbuch Managerhaftung, § 5 Rn. 30.

nicht beschränkt. Dementsprechend muss der Sorgfaltsmaßstab des § 93 AktG angepasst werden.[120]

b) Verwaltungsratsmitglieder

aa) allgemeine Sorgfaltspflicht bei der Geschäftsleitung

i) Gesetzliche Regelung

Die Pflichten, die ein Organmitglied gegenüber der Gesellschaft einzuhalten hat, unterteilen sich in Sorgfalt-, Treue-, Verschwiegenheitspflicht.[121] Soweit keine gesetzliche oder spezielle Pflicht verletzt wurde, fungiert die Sorgfaltspflicht in § 93 (1) S. 1 AktG als allgemeiner Auffangtatbestand. Im AktG haben Vorstände und Aufsichtsräte die Sorgfalt eines ordentlichen und gewissenhaften Geschäftsleiters anzuwenden. Daraus lassen sich Inhalt und Umfang der Sorgfaltspflicht ableiten. Damit kommt dem § 93 (1) S. 1 AktG eine doppelte Funktion als Maßstab für das Verschulden und allgemeiner Pflichten zu.[122]

Die allgemeine Sorgfaltspflicht und Gewissenhaftigkeit umfasst dabei nicht nur alle Bestandteile von Pflichten, die dafür sorgen, dass die Vorstände und Aufsichtsräte keine rechtswidrigen Handlungen vornehmen und alle gesetzlichen Pflichten erfüllen, sondern auch alle Maßnahmen, die durch diese Pflichten begründet werden.[123] Auf diese Weise soll der Sorgfaltsmaßstab so beschrieben werden, dass durch ein pflichtwidriges Handeln eines Organmitglieds der Haftungstatbestand und somit eine Schadensersatzpflicht nach § 93 (2) S. 1 AktG begründet werden kann. Zudem ist die Legalitätspflicht, die pflichtbewusste Handlungen, sowie Treue für angemessene Verhaltensweisen innerhalb des Unternehmens enthält, im Sorgfaltsmaßstab eingebunden.[124]

Zur sinnvollen Unterteilung ist die Sorgfaltspflicht in drei Bereiche aufzufächern: Erstens die genannte Legalitätspflicht, zweitens die engere Sorgfaltspflicht, die alle

---

[120] *Reichtert/Brandes*, MüKoAktG, SE-VO, Art. 51 Rn. 14 ff.

[121] *Hopt/Roth*, in Großkommentar AktG, § 93 Rn. 52.

[122] *Fleischer*, Handbuch des Vorstandsrechts, § 7 Rn. 1; so auch ders., in Kommentar AktG, § 93 Rn. 10.

[123] *Wiesner*, MüHB, § 25 Rn. 23; *Wellhöfer*, in Haftung von Vorstand, Aufsichtsrat, Wirtschaftsprüfer, § 2 Rn. 15.

[124] *Hopt/Roth*, Großkommentar AktG, § 93 Rn. 58; Hüffer/Koch, AktG, § 93 Rn. 6.

auf die Leitungsfunktion übertragenen Pflichten durch seine Amtsausübung beinhaltet, und schließlich die Überwachungspflicht als Ausprägung der Sorgfaltspflicht.[125]

Der Sorgfaltsmaßstab nach § 93 (1) S. 1 AktG ist objektiver Natur und bemisst sich an den Anforderungen des Verhaltens an Organmitgliedern. Die Unternehmenssituation spielt dabei eine große Rolle. Eine Pflichtwidrigkeit wird dabei indiziert, wenn gegen die anerkannten, unternehmerischen Verhaltensmaßstäbe verstoßen wird. Je nach Tätigkeit des Organmitglieds richtet sich der anzuwendende Maßstab an die Situation. Die Erfahrungen und Kenntnisse des Mitglieds sind dabei einzubeziehen und sogar zur Amtsausübung notwendig, aber kein Ausschlussgrund. Mangelnde Fähigkeiten schützen nicht vor dem Schadensersatzanspruch in § 93 (2) S. 1 AktG. Aufgrund fehlender gesetzlicher Konkretisierungen und Problematiken zur Bestimmung im Einzelfall wird zur Ausgestaltung der Sorgfaltspflicht auf individuelle unternehmerische Faktoren zurückgegriffen.[126]

Im „ARAG" Urteil hat der BGH[127] dem Vorstand einen weiten Ermessensspielraum für die Führung der Geschäfte innerhalb des Unternehmens zugestanden. Die flexible Gestaltung der „Business Judgement Rule" umfasst das Eingehen von unternehmerischen Risiken und Fehleinschätzungen, die dem Vorstand trotz Sorgfaltspflicht zur Erfüllung seiner Pflichten unterlaufen können. Die Entscheidung wurde im § 93 (1) S. 2 AktG durch das UMAG[128] aufgenommen.[129]

ii) Übertragbarkeit auf Verwaltungsrat

Um den Sorgfaltsmaßstab auf Verwaltungsratsmitglieder übertragen zu können empfiehlt sich eine Betrachtung der rechtlichen Stellung und Funktion von Verwaltungsrat gegenüber dem Vorstand bzw. Aufsichtsrat.[130]

---

[125] *Fleischer*, Handbuch des Vorstandsrechts, § 7 Rn. 2.
[126] *Hopt/Roth*, Großkommentar AktG, § 93 Rn. 60; *Wellhöfer*, in Haftung von Vorstand, Aufsichtsrat, Wirtschaftsprüfer, § 2 Rn. 15 f.; *Lutter/Krieger*, Rechte und Pflichten des Aufsichtsrats, § 12 Rn. 846.
[127] BGH v. 21.04.1997, II ZR 175/95, BGHZ 135, S. 244 ff.
[128] Gesetz zur Unternehmensintegrität und Modernisierung des Anfechtungsrechts (UMAG) v. 22.09.2005, BGBl. I 2005, S. 2802.
[129] *Thümmel*, Persönliche Haftung von Managern und Aufsichtsräten, S. 96; *Wellhöfer*, in Haftung von Vorstand, Aufsichtsrat, Wirtschaftsprüfer, § 2 Rn. 19 f.
[130] *Metz*, Monistische Organhaftung, S. 136.

Da die Sorgfaltspflicht zuerst an die Aufgaben und dann erst an die jeweilige Funktion des Mitglieds gebunden ist, kann es trotz Gleichberechtigung zu einer unterschiedlichen Beurteilung aufgrund von größerer Einflussnahme durch die Aufgaben kommen.[131]

Bezüglich des Verwaltungsrats und dem Vorstand lassen sich viele Gemeinsamkeiten bei Aufgabenfeldern wie der Insolvenz §§ 92 (2), (3) AktG, § 22 (5) SEAG, der Führung der Bücher §§ 91 (1) AktG, § 22 (3) S. 1 SEAG, des Überwachungssystems §§ 91 (2) AktG, § 22 (3) SEAG und weiteren erkennen.[132] Dabei lässt sich feststellen, dass das Aufgabengebiet des Verwaltungsrates nicht so umfassend ausgestaltet ist wie beim Vorstand, denn wie bereits herausgearbeitet führt der Verwaltungsrat keine laufenden Geschäfte und hat nur die Überwachung dieser inne.[133] Das gleiche lässt sich bezüglich des Aufsichtsrats feststellen, da der Verwaltungsrat in Geschäftspolitiken eingreifen darf gemäß § 22 (1) SEAG und der Aufsichtsrat nach § 116 AktG keine Kompetenz hierfür hat.[134] Daneben sind aber auch hohe personelle und zeitliche Anforderungen des Verwaltungsrats vom Aufsichtsrat abweichend durch §§ 24, 27 SEAG. Allerdings ist die Überwachungsfunktion ähnlich, sodass der Sorgfaltsmaßstab für diese Kompetenz übernommen werden kann. Aufgrund dieser Unterschiede ist eine Übertragung der Sorgfaltspflicht von Aufsichtsrat und Vorstand nicht ohne Modifikation auf die Verwaltungsratsmitglieder möglich.[135]

iii) Anwendung auf den Verwaltungsrat

Für die Sorgfaltspflicht und Verantwortlichkeit der Verwaltungsratsmitglieder gilt der Grundsatz nach § 39 SEAG i.V.m § 93 (1) S. 1 AktG.[136] Grundsätzlich haben Verwaltungsratsmitglieder nach der Norm die gleichen Sorgfaltspflichten zu beachten wie Vorstände und Aufsichtsräte.[137] Der Maßstab des Aufsichtsrats dient

---

[131] *Hoffmann-Becking*, NZG 2003, S. 745 ff; Spindler, MüKoAktG, § 93 Rn. 6, 21.
[132] *Metz*, Monistische Organhaftung, S. 136 f.
[133] *Reichert/Brandes*, MüKoAktG, SE-VO, Art. 51 Rn. 13.
[134] *Teichmann*, SE-Kommentar, Anh. Art. 43 (§ 22 SEAG) Rn. 2; *Lutter/Krieger*, Rechte und Pflichten des Aufsichtsrats, § 3 Rn. 62.
[135] *Metz*, Monistische Organhaftung, S. 136 ff.
[136] *Boettcher*, Kompetenzen Verwaltungsrat und geschäftsführende Direktoren, S. 89.
[137] *Reichert/Brandes*, MüKoAktG, SE-VO, Art. 51 Rn. 14; *Binder/Jünemann/Merz/Sinewe*, Die SE, S. 218.

dabei als Anhaltspunkt. Eine weitere Untersuchung ob den Verwaltungsratsmitgliedern ein höherer oder niedriger Schutz im Bezug zu den Kenntnissen bei der Amtsausübung in der Haftung zukommt, könnte dabei hilfreich sein.

In der Literatur ist eine Staffelung der Haftung nach Fähigkeiten umstritten. Einerseits wird die Ansicht[138] vertreten, dass der Sorgfaltsmaßstab in § 93 AktG objektiv zu bewerten ist und somit keine weitergehenden Fähigkeiten von Vorständen und Aufsichtsräten berücksichtigt werden. Der Wortlaut des § 93 (1) S. 1 AktG würde dies begründen, was für die Verwaltungsratsmitglieder eine Gleichstellung hinsichtlich jeder Verantwortung durch identischen Beurteilungsmaßstab bedeuten würde. Andererseits wird die Auffassung[139] vertreten, dass die Fähigkeiten der Organmitglieder bei Amtsausübung in den Sorgfaltsmaßstab einfließen und bei einer Haftung herangezogen werden sollen. Die Begründung des Gesetzgebers, dass § 39 SEAG eine Ausrichtung der Sorgfaltspflicht auf die individuelle Tätigkeit des Verwaltungsratsmitglieds ermöglichen soll, scheint mit letztgenannter Meinung einher zu gehen.[140]

Ähnlicher Auffassung ist *Metz*[141], der aufgrund der großen Gemeinsamkeiten von Verwaltungs- und Aufsichtsrat empfiehlt, den Sorgfaltsmaßstab des Verwaltungsrats auf dem des Aufsichtsrats aufzubauen. So kann von einem Mindeststandard der Sorgfaltspflicht ausgegangen und unter Berücksichtigung der Fähigkeiten eines Verwaltungsratsmitglieds erhöht werden. Ferner kommt dem Verwaltungsrat ein geringerer Sorgfaltsmaßstab gegenüber dem Vorstand zu, denn die Verwaltungsratsmitglieder nehmen einen kleineren Aufgabenkreis wahr.

Den Ansichten ist zu folgen, denn die Lösungsstruktur bietet eine individuelle Anpassung, die auch vom Gesetzgeber so gewollt ist. Das bedeutet, dass die Sorgfaltspflicht sich mit den wachsenden Anforderungen an Fähigkeiten und Aufgaben vergrößert.

Eine   Anwendbarkeit   der   Business   Judgement   Rule   nach § 39 SEAG i.V.m § 93 (1) S. 2 AktG auf die monistische SE ist nach Meinungen

---

[138] Vertreten durch: *Koch*, AktG, § 116 Rn. 3; Spindler, Kommentar zum AktG, § 116 Rn. 17; § 93 Rn. 1 ff.; *Luttermann*, BB 2003, S. 745, 748.

[139] Vertreten durch: *Grigoleit/Tomasic*, Aktiengesetz, § 116 Rn. 2 ff.; *Hoffmann-Becking*, MüHB, § 33 Rn. 75; *Kalss*, MüKoAktG, § 116 Rn. 92; *Drinhausen*, Handbuch zur SE, 5. Kap § 3 Rn. 53.

[140] BT-Drucksache 15/3405, S. 39.

[141] *Metz*, Monistische Organhaftung, S. 142-153.

der Literatur gewährleistet. Demnach ist eine Pflichtverletzung ausgeschlossen, wenn das Mitglied des Verwaltungsrats zum Wohle der Gesellschaft durch angemessene Informationen eine unternehmerische Maßnahme ausgeführt und dabei gewissenhaft gehandelt hat. Ein wirtschaftliches Risiko ist Bestandteil solcher unternehmerischen Handlungen und die Nutzung aller Informationsquellen kann eine grobe Fahrlässigkeit ausschließen. Sowohl bei unternehmerischen Entscheidungen, die im Verwaltungsrat im Rahmen der strategischen Unternehmensplanung beschlossen werden, als auch für die Überwachungsaufgabe kommt dem Verwaltungsrat demnach ein unternehmerischer Ermessensspielraum zu. Die Regelung betrifft somit alle Verwaltungsratsmitglieder und Direktoren gleichermaßen, unabhängig ob eine Leitungs-, Überwachungs-, oder Geschäftsführungsverantwortung vorliegt.[142]

bb) Überwachungspflicht

Für die Haftung anhand einer Pflichtverletzung im Überwachungsspektrum eines Verwaltungsratsmitglieds ist eine Unterteilung in die Überwachung der geschäftsführenden Direktoren und auf andere Mitglieder erforderlich, um die gebotene Sorgfalt festzustellen.[143]

i) Vertikale Überwachungspflicht

Zur Überwachung der geschäftsführenden Direktoren, deren Pflicht sich aus § 40 (6), 22 (1) SEAG i.V.m § 90 AktG ergibt, hat der Verwaltungsrat für einen angemessenen Informationsaustausch zu sorgen.[144] Dabei ist er aber nicht verpflichtet jede geschäftliche Entscheidung der Direktoren zu überprüfen, kann aber umfassend die Tätigkeiten der Direktoren kontrollieren.[145] Der festzustellende Sorgfaltsmaßstab für die Überwachung ist anhand des Inhalts und Umfangs zu präzisieren. Geringere Anforderungen kommen bei bekannter Tätigkeit in Betracht, höhere bei schwierigen Überwachungsverhältnissen, die Fehlverhalten aufgrund von Informationsverweigerung und dadurch eine Pflichtverletzung eines Direktors verursachen können. Neben der Einrichtung des Überwachungssystems ist ein

---

[142] *Merkt*, ZGR 2003, S. 671 f.; *Messow*, Anwendbarkeit DCGK, S. 163 ff.; *Teichmann*, in SE-Kommentar, Anh. Art. 43 SE-VO (§ 39 SEAG) Rn. 6; *Frodermann*, in Handbuch der Europäischen AG, 5. Kap. Rn. 278.
[143] *Reichtert/Brandes*, MüKoAktG, SE-VO, Art. 51 Rn. 22.
[144] *Metz*, Monistische Organhaftung, S. 157.
[145] *Reichtert/Brandes*, MüKoAktG, SE-VO, Art. 51 Rn. 23; *Eberspächer*, in Kommentar zum AktG, SE-VO, Art. 51 Rn. 8. (Spindler/Stilz)

möglicher Interessenskonflikt zwischen Verwaltungsrat und geschäftsführende Direktoren miteinzubeziehen. Eine Missachtung der Prüfungspflicht bei Vertrauensverlust gemäß § 22 (4) SEAG gegenüber den Direktoren kann die Haftung aufgrund von § 39 SEAG nach sich ziehen.[146]

Der Kontrollmaßstab für die Prüfung der Überwachung bildet die Rechtmäßigkeit der operativen Maßnahme der Direktoren ab. Im Einzelfall behält der Verwaltungsrat einen Ermessenspielraum bei, um auch die wirtschaftliche Lage des Unternehmens miteinzubeziehen. Dies ist sinnvoll, denn auch im AktG hat der Aufsichtsrat einen Ermessenspielraum bei der Überprüfung der Pflichten.[147]

ii) Horizontale Überwachungspflicht

Auch wenn eine Ressortaufteilung besteht, sind die Verwaltungsratsmitglieder verpflichtet auf ihre Kollegen zu achten und diese ggf. zu überwachen. Auf horizontaler Ebene verändert sich der Sorgfaltsmaßstab zu einer Beaufsichtigungspflicht. Die Intensität unterscheidet sich zur vertikalen Überwachungspflicht in dem Maße, dass eine Haftung erst bei Gefährdung der Unternehmensgeschäfte und unsachgerechter Ausführung der Tätigkeit eines Verwaltungsratsmitglieds in Betracht kommt. Bei Verdacht ist das Mitglied verpflichtet, den Verwaltungsrat davon in Kenntnis zu setzen.[148]

cc) Treuepflicht

Die Treuepflicht ist eine Ausprägung der allgemeinen Sorgfaltspflicht. Im AktG sind Vorstände und Aufsichtsräte an diese Regelung gebunden. Der Umfang geht über die Treu- und Glaubensgrundsätze nach § 242 BGB hinaus. Demnach sind die Mitglieder verpflichtet den Interessen der Gesellschaft unter allen Umständen nachzukommen und Schäden abzuwenden. Die persönlichen Interessen sind denen der Gesellschaft unterzuordnen. Der rechtliche Hintergrund ist die Verfügungsgewalt über das Vermögen der Gesellschaft.[149] Eine unterschiedliche Strenge ist aber bei

---

[146] *Fleischer*, Handbuch des Vorstandsrechts, § 8 Rn. 32 ff.; *Metz*, Monistische Organhaftung, S. 154-159.

[147] *Merkt*, ZGR 2003, S. 672; *Koch*, AktG, § 116 Rn. 2, 4.

[148] *Boettcher*, Kompetenzen Verwaltungsrat und geschäftsführende Direktoren, S. 90; *Reichert/Brandes*, MüKoAktG, SE-VO, Art. 51 Rn. 26 f.

[149] *Ek*, Haftungsrisiken für Vorstand und Aufsichtsrat, S. 96 f.; *Hopt/Roth*, Großkommentar AktG, § 93 Rn. 224 ff.; *Thümmel*, Persönliche Haftung von Managern und Aufsichtsräten, S. 107.

den Organmitgliedern zu beachten: Während Aufsichtsräte ihre Aufgaben als Nebentätigkeit und dementsprechend nur die Pflicht im Rahmen der Amtsausübung wahrnehmen, müssen Vorstände auch darüber hinaus loyal sein.[150]

Für die Verwaltungsratsmitglieder besteht eine ausdrückliche Regelung der Treuepflicht in der SE-VO oder dem SEAG nicht. So ist es natürlich fraglich, ob die Grundsätze der Treuepflicht auf die monistische SE anwendbar sind. Dazu lässt sich der Nebenberufliche Aspekt wieder heranziehen um eine Ähnlichkeit festzustellen. Verwaltungsratsmitglieder haben wie Aufsichtsratsmitglieder den Nebentätigkeitsaspekt. Dementsprechend ist für den Maßstab der Treuepflicht der des Aufsichtsrats heranzuziehen, denn der für Vorstände würde die Mitglieder außerhalb ihrer Arbeit zu sehr einschränken.[151] Das Wettbewerbsverbot nach § 88 AktG gilt somit nicht für die Verwaltungsratsmitglieder. Eine Ausnahme besteht nur bei geschäftsführenden Direktoren.[152]

Eine Anwendung der Treuepflicht auf die Verwaltungsratsmitglieder führt zu einer strengen Beurteilung während der Amtsausübung und einer allgemeinen Pflicht außerhalb der Tätigkeiten. Es ist aber durchaus die Kompetenz und das Aufgabengebiet des einzelnen Mitglieds zu berücksichtigen, um eine angemessene Reichweite der Treuepflicht im Einzelfall festzustellen.[153]

dd) Gesamtverantwortung

Aus Art. 43 (1) S. 1 SE-VO i.V.m § 22 (1) SEAG folgt eine Gesamtverantwortung des Verwaltungsrats bei der Geschäftsführung. Dies ist für die Haftung eines Verwaltungsratsmitglieds entscheidend, denn für das einzelne Mitglied gilt demnach eine kollegiale Verantwortung gegenüber der Gesellschaft. Der Verwaltungsrat ist als Kollegialorgan strukturiert und jedes Mitglied trägt zu gleichem Anteil die Verantwortung für die Gesamtgeschäftsführung bzw. Leitung der SE. Dies ist auch maßgebend für alle Entscheidungen im Verwaltungsrat.[154]

---

[150] *Ek*, Haftungsrisiken für Vorstand und Aufsichtsrat, S. 96 f., 202 f.
[151] *Metz*, Monistische Organhaftung, 127 ff.
[152] *Reichert/Brandes*, MüKoAktG, SE-VO, Art. 51 Rn. 29.
[153] *Metz*, Monistische Organhaftung, S. 131.
[154] *Boettcher*, Kompetenzen Verwaltungsrat und geschäftsführende Direktoren, S. 90; *Messow*, Anwendbarkeit DCGK, S. 157 f.; *Reichert/Brandes*, MüKoAktG, SE-VO, Art. 43 Rn. 5; *Holland*, Führungsorganisation einer monistischen SE, S. 149.

Abweichend von der kollegialen Strukturierung stehen die bereits erwähnte Ressortaufteilung und die Leitung für die laufenden Geschäfte der Gesamtverantwortung nicht entgegen. Hintergrund dessen ist die Gestaltungsfreiheit der inneren Ordnung des Verwaltungsrats.[155] Allerdings sind im Rahmen der Gesamtverantwortung die gesetzlichen sowie satzungsmäßigen Pflichten zu beachten, die den Spielraum einschränken können.[156]

Die Pflichten der Gesamtverantwortung bleiben für das Mitglied bestehen und ändern sich nur im Bezugspunkt. Innerhalb des Ressorts ist es dem Mitglied möglich in eigener Verantwortung sein Aufgabenbereich zu leiten und alle notwendigen Maßnahmen zu ergreifen. Außerhalb des Ressorts besteht sowohl die horizontale, als auch die vertikale Überwachungspflicht zur Kontrolle der Mitglieder und Direktoren. Die Überwachungspflicht ist in der Gesamtverantwortung verankert.[157] Dementsprechend bestehen die Pflicht zum Eingreifen bei einem möglichen Verdacht und eine Berichtspflicht an den Verwaltungsrat. Bei einer Pflichtverletzung ist auf die gestaffelte Haftung durch § 93 (1) S. 1 AktG zurückzugreifen, da im Einzelfall das Fehlverhalten eines anderen Mitglieds nicht direkt auf einen Fehler der Kontrolle hinweist.[158]

Ein weiterer Aspekt der Gesamtverantwortung ist die Haftung eines Mitglieds bei einem rechtswidrigen Beschluss. Die Meinungen in der Literatur sind dazu unterschiedlich. Nach *Boettcher*[159] ist kein Haftungsausschluss gegeben, wenn das Mitglied gegen den rechtswidrigen Beschluss stimmt. Ein Ausschluss wäre dann nur gegeben, wenn der Protest mündlich geäußert und eine Niederschrift angefertigt wird. Hingegen ist *Teichmann*[160] aber der Meinung, dass nur eine Ablehnung des Beschlusses erforderlich wäre. Nach den Ausführungen von *Fleischer*[161] ist bei Vorständen keine Pflichtverletzung bei ordnungsgemäßes Stimmverhalten gegen

---

[155] *Boettcher*, Kompetenzen Verwaltungsrat und geschäftsführende Direktoren, S. 90; *DAV*, NZG 2004, S. 82; *Messow*, Anwendbarkeit DCGK, S. 158.
[156] *Teichmann*, SE-Kommentar, Anh. Art. 43 SE-VO (§ 39 SEAG); *Vetter*, in Handbuch Managerhaftung, § 18 Rn. 17 ff.
[157] *Eberspächer*, in Kommentar zum AktG, SE-VO, Art. 51 Rn. 6f. (Spindler/Stilz); *Siems*, in Kölner Kommentar AktG, SE-VO, Anh. Art. 51 § 39 SEAG Rn. 11 ff.
[158] *Siems*, in Kölner Kommentar AktG, SE-VO, Anh. Art. 51 § 39 SEAG Rn. 11 ff.
[159] *Boettcher*, Kompetenzen Verwaltungsrat und geschäftsführende Direktoren, S. 92;
[160] *Teichmann*, in SE-Kommentar, Anh. Art. 43 SE-VO (§ 39 SEAG) Rn. 8.
[161] *Fleischer*, BB 2004, S. 2645 ff.

den rechtswidrigen Beschluss gegeben und führt nicht zur Pflicht einer Beschlussunfähigkeit. Das Mitglied trifft aber die Pflicht zur Verhinderung von rechtswidrigen Beschlüssen aufgrund der Legalitätspflicht.

Es ist somit festzuhalten, dass für die Innenhaftung bei der Gesamtverantwortung der Verwaltungsratsmitglieder der Sorgfaltsmaßstab im Einzelfall anzupassen ist und ggf. eine abgestufte Haftung in Betracht kommt. Bei einer Ressortaufteilung verteilt sich die Sorgfalt auf die zugewiesenen Aufgaben und beschränkt sich außerhalb des Ressorts auf die Überwachung. Bezüglich eines rechtswidrigen Beschlusses kann ein Verwaltungsratsmitglied nicht in Haftung genommen werden, wenn es ordnungsgemäß gehandelt und ausdrücklich dagegen gestimmt hat. Die Umstände sind im Einzelfall zu prüfen.[162]

ee) Zwischenfazit

Die bisherige Untersuchung hat gezeigt, dass Verwaltungsratsmitglieder nach § 39 SEAG i.V.m § 93 AktG auf Grundlage der Spezialverweisung nach Art. 51 SE-VO haften. Im Tatbestand der Pflichtverletzung bestehen einige Unterschiede bezüglich des Sorgfaltsmaßstabs zwischen den Verwaltungsratsmitgliedern und den Vorgaben des § 93 AktG. Dies erschwert die Anwendbarkeit des Sorgfaltsmaßstabs des § 93 AktG auf die monistische SE, sodass einige Grundsätze des Aktienrechts nur bedingt zum Einsatz kommen. Der Maßstab für Aufsichtsräte dient für die Verwaltungsratsmitglieder lediglich als Mindestmaßstab, an die die individuelle Stellung des Mitglieds und somit die Sorgfaltspflicht selbst angepasst werden muss.

Die Anpassung betrifft auch alle Pflichten, die den Verwaltungsratsmitgliedern zukommen. Bei den Ausprägungen der Sorgfaltspflicht ist die Überwachungs- und Treuepflicht den Anpassungen unterworfen. Zur Beurteilung des Sorgfaltsmaßstabs dieser Pflichten ist, wie bei dem allgemeinen Sorgfaltsmaßstab, eine konkrete Anpassung an die Stellung des Mitglieds erforderlich. Maßgeblich dabei ist die Beachtung der Gesamtverantwortung, die eine abgestufte Haftung durch Verteilung der Pflichten hervorrufen kann.

---

[162] *Boettcher*, Kompetenzen Verwaltungsrat und geschäftsführende Direktoren, S. 92 f.; *Fleischer*, BB 2004, S. 2651. Weiterführend zur Problematik der Gesamtverantwortung in *Vetter*, in Handbuch Managerhaftung, § 18 Rn. 13-44.

c) Geschäftsführende Direktoren

aa) allgemeine Sorgfaltspflicht bei der Geschäftsführung

i) Gesetzliche Regelung

Nach § 40 (8) SEAG i.V.m. § 93 (1) S. 1 AktG gilt für die Sorgfaltspflicht[163] und Verantwortlichkeit der geschäftsführenden Direktoren der Maßstab des AktG. Wie bei den nicht geschäftsführenden Verwaltungsratsmitgliedern ist der § 93 AktG eine Generalklausel für die allgemeine Sorgfaltspflicht, wenn keine gesetzlichen oder Treuepflichten vorhanden sind.[164]

Der Pflichtenmaßstab für die geschäftsführenden Direktoren unterscheidet sich insoweit von dem Vorstand im AktG, dass es hierbei einer Anpassung bedarf. Denn einerseits sind die Weisungsgebundenheit und die Frage der Gesamtverantwortung für geschäftsführende Direktoren zu beachten. Ferner ist durch den Wortlaut der Norm des § 93 AktG eine Modifikation an die Tätigkeiten notwendig. Andererseits entsprechen die Aufgaben i.w.S. denen des Vorstandes, sodass sich Übertragbarkeiten finden können.[165]

Besonderheit der Haftung ist, dass nach Begründung des Gesetzgebers[166] die Stellung des GmbH Geschäftsführers durch die Eigenschaften der Weisungsabhängigkeit und jederzeitige Abberufung sich mit den geschäftsführenden Direktoren vergleichen lässt.[167]

ii) Übertragbarkeit auf die geschäftsführenden Direktoren

Aufgrund der Ähnlichkeit der Aufgaben sind die aktienrechtlichen Grundsätze von Vorständen auf die geschäftsführenden Direktoren übertragbar, soweit sich keine andere Auslegung ergibt. Für die Anpassung des Sorgfaltsmaßstabs empfiehlt es sich, die Prinzipien des § 93 (1) S. 1 AktG auf die Übertragbarkeit hin zu prüfen.[168]

---

[163] Für Ausführungen der Sorgfaltspflicht kann an dieser Stelle auf das Kapitel D. II. b) aa) i) verwiesen werden.

[164] *Teichmann*, in SE-Kommentar, Anh. Art. 43 SE-VO (§ 40) SEAG Rn. 63; *Fleischer*, in Kommentar AktG, § 93 Rn. 10.

[165] *Drinhausen*, in Handbuch zur SE, 5. Kap. § 3 Rn. 55; *Eberspächer*, in Kommentar zum AktG, SE-VO, Art. 51 Rn. 9 (Spindler/Stilz); *Metz*, Monistische Organhaftung, S. 201 f.; *Austmann*, MüHB, § 86 Rn. 14. Für Ausführungen der Sorgfaltspflicht vgl. Kapitel D. II. 2. a) aa) i).

[166] BT-Drucksache 15/3405, S. 39.

[167] *Drinhausen*, in Handbuch zur SE, 5. Kap. § 3 Rn. 55; *Teichmann*, in Handbuch Managerhaftung, § 5 Rn. 27.

[168] *Metz*, Monistische Organhaftung, S. 202.

Hinsichtlich der Treuhänderischen Stellung sind für Vorstand und geschäftsführende Direktoren keine Unterschiede erkennbar. Zur Primäraufgabe der Führung der Tagesgeschäfte, sowie zu Zeiteinsatz, gleichen sich die Funktionen ebenfalls, denn geschäftsführende Direktoren sind wie Vorstände hauptberuflich tätig.[169] Allerdings besteht ein wesentlicher Unterschied im Führungsstil. Vorstände können durch § 76 (1) AktG die Gesellschaft in eigener Verantwortung leiten, wohingegen geschäftsführende Direktoren an die Weisungen des Verwaltungsrates gebunden sind. Ferner haben die Direktoren nicht die Oberleitung der Gesellschaft inne.[170]

Dementsprechend lässt sich feststellen, dass die geschäftsführenden Direktoren eine schwächere Stellung als die Vorstände haben und ihnen grundsätzlich eine geringe Sorgfaltspflicht zukommt. Für die Bestimmung der allgemeinen Sorgfaltspflicht sind die Grundätze zum Vorstand miteinzubeziehen und an den Stellen der Weisungsgebundenheit zu modifizieren.[171]

iii) Anwendung auf die geschäftsführenden Direktoren

Ebenso wie bei den nicht geschäftsführenden Mitgliedern und den Vorständen der AG, ist bei den geschäftsführenden Direktoren der Sorgfaltsmaßstab unter Berücksichtigung von Spezialkenntnissen zu erweitern. Denn innerhalb der Kompetenzzuweisung vom Verwaltungsrat an die Direktoren kann die Satzung nach § 40 (2) S. 2 2. HS SEAG die Führung der laufenden Geschäfte weitgehend beschränken. Bei zunehmender Eingrenzung wird die Sorgfaltspflicht der Fähigkeiten auf allgemeine Führungskenntnisse oder den jeweiligen Aufgabenbereich zugeschnitten, sodass bei Ermittlung der Pflicht nur die Schäden aus dem Zuständigkeitsbereich berücksichtigt werden. Gleichfalls sind bei Umsetzung der Maßnahmen vom Verwaltungsrat geringere Anforderungen notwendig als bei operativen Tätigkeiten.[172]

Für eine Haftung ist ebenfalls entscheidend ob die geschäftsführenden Direktoren einer Weisung des Verwaltungsrats unterlegen haben. Hierbei ist die Haftung in

---

[169] *Metz*, Monistische Organhaftung, S. 203f; *Reichtert/Brandes*, MüKoAktG, SE-VO, Art. 43 Rn. 166.

[170] *Eberspächer*, in Kommentar zum AktG, SE-VO, Art. 51 Rn. 9 (Spindler/Stilz); *Thümmel*, persönliche Haftung von Managern und Aufsichtsräten, S. 95; *Teichmann*, in Handbuch Managerhaftung, § 5 Rn. 27, 43.

[171] *Metz*, Monistische Organhaftung, S. 204 f.

[172] *Metz*, Monistische Organhaftung, S. 208ff.; *Spindler*, MüKoAktG, § 93 Rn. 25.

drei Kategorien zu unterscheiden: Erstens in verbindliche, rechtmäßige Weisungen, zweitens bei nachträglicher Billigung und drittens die rechtswidrige Weisung.[173]

Liegt eine verbindliche, rechtmäßige Verweisung des Verwaltungsrats an die geschäftsführenden Direktoren vor, so wird die Haftung gegenüber der SE ausgeschlossen. Eine Haftung trifft insoweit nur die nicht geschäftsführenden Mitglieder. Grund dafür ist das Fehlen einer Pflichtverletzung der Direktoren, die durch § 44 (2) SEAG verpflichtet sind die Weisung durchzuführen. Eine Umsetzung der rechtmäßigen Weisung kann somit nicht zu einer Pflichtverletzung des § 93 (2) S. 1 AktG führen.[174] Voraussetzung dafür ist eine ausreichende Information des Verwaltungsrats und dementsprechend die Berichtspflicht nach § 40 (3) - (6) SEAG i.V.m § 90 AktG, um keine Pflichtverletzung wegen unzureichender Informationsübermittlung der Direktoren auszulösen. Des Weiteren gilt dies auch für einen rechtmäßigen Beschluss der Hauptversammlung gemäß § 40 (8) SEAG i.V.m § 93 (4) S. 1 AktG.[175]

Fraglich ist aber, ob eine nachträgliche Billigung einer Weisung zum Entzug der Verantwortlichkeit und somit zur Haftungsbefreiung der Direktoren führt nach § 39 SEAG i.V.m § 93 (4) S. 2 AktG. Im Aktienrecht ist der Vorstand nicht von seiner Verantwortung befreit, wenn der Aufsichtsrat die Handlung gebilligt hat gemäß § 93 (4) S. 2 AktG.[176] Nach Meinung von *Ihrig* und *Eberspächer* sind die Direktoren für entstandene Schäden durch die Weisung haftbar. Daraus können sich Schadensersatzansprüche gegen den Verwaltungsrat ergeben, denn die Direktoren hätten eine Verpflichtung zur Kontrolle der Weisungen des Verwaltungsrats. Würden die Direktoren durch die Weisung gezwungen werden eine rechtswidrige Handlung zu vollziehen, wäre die Sorgfaltspflicht des Verwaltungsrats verletzt.[177] Die Anwendung des § 93 (4) S. 2 AktG scheint somit mit den Grundsätzen des AktG

---

[173] *Teichmann*, in SE-Kommentar, Anh. Art. 43 (§ 44 SEAG) Rn. 14; *ders.*, in Handbuch Managerhaftung, § 5 Rn. 44 ff.; *Reichert/Brandes*, MüKoAktG, SE-VO, Art. 43 Rn. 168f., 179 f.

[174] *Drinhausen*, in Handbuch zur SE, 5. Kap. § 3 Rn. 55; *Eberspächer*, in Kommentar zum AktG, SE-VO, Art. 51 Rn. 9 (Spindler/Stilz).

[175] *Reichert/Brandes*, MüKoAktG, SE-VO, Art. 43 Rn. 170, *Teichmann*, in SE-Kommentar, Anh. Art. 43 (§ 40 SEAG) Rn. 66; *Eberspächer*, in Kommentar zum AktG, SE-VO, Art. 51 Rn. 9 (Spindler/Stilz).

[176] *Boettcher*, Kompetenzen Verwaltungsrat und geschäftsführende Direktoren, S. 191.

[177] *Ihrig*, in Steuerungsfunktionen des Haftungsrechts, S. 17, 24; *Eberspächer*, in Kommentar zum AktG, SE-VO, Art. 51 Rn. 9 (Spindler/Stilz).

und der Systematik des § 39 SEAG vereinbar zu sein. Dagegen steht aber die Begründung des Gesetzgebers[178], dass Haftungsgrundsätze des GmbH-Rechts für die geschäftsführenden Direktoren gelten und zu einer Entlastung führen. Auch ist die Kompetenzverteilung zwischen dem AktG und dem Verwaltungsrat derart verschieden, dass eine sinngemäße Anwendung des § 93 (4) S. 2 AktG nicht gerecht erscheint. Zwar trifft die Direktoren eine Folgepflicht bei der Ausführung der Weisung, aber die Entscheidung ging in dem Fall vom Verwaltungsrat aus. Daher ist nur eine Pflichtverletzung seitens des Verwaltungsrats sowie eine Haftungsbefreiung der Direktoren anzunehmen.[179]

Bei einer nachträglichen Billigung der Weisung durch den Verwaltungsrat kann sich eine Freistellung von der Sorgfaltspflicht ergeben. Im GmbHG führt eine nachträgliche Billigung der Handlung zur Haftungsentlastung, soweit ein förmlicher Beschluss vorhanden ist oder berechtigter Weise ein Einverständnis der GmbH Gesellschafter.[180] Im Unterschied dazu ist in der monistischen SE eine Einverständniserklärung vom Verwaltungsrat nicht ausreichend für eine Haftungsfreistellung. Eine Zuwiderhandlung führt bei den geschäftsführenden Direktoren automatisch zu einer Pflichtverletzung. Für die nachträgliche Übernahme der Verantwortung ist somit ein Beschluss des Verwaltungsrats notwendig. Fehlende Verhaltensangaben oder unverbindliche Vorschläge haben keine Freistellungswirkung.[181]

Werden den geschäftsführenden Direktoren rechtswidrige Weisungen erteilt, ist deren Ausführung ein haftungsbegründender Verstoß. Die Weisung ist als nicht bindend anzusehen und führt zur Pflichtverletzung. Es ist im Zweifel abzuwägen, ob die mögliche rechtswidrige Weisung durchzuführen ist. Eine weitergehende Haftung aufgrund von rechtswidrigen Zustimmungs- oder Ermächtigungsbeschlüssen ist insoweit umstritten.[182]

Schadensersatzansprüche gegen Verwaltungsratsmitglieder können sich auch aus §§ 39 SEAG, 93 (4) (5) AktG ergeben. Die Prüfung und die Durchführung von

---

[178] BT-Drucksache, 15/3405, S. 39.
[179] *Boettcher*, Kompetenzen Verwaltungsrat und geschäftsführende Direktoren, S. 191 f.; *Teichmann*, in SE-Kommentar, Anh. Art. 43 (§ 40 SEAG) Rn. 66; *Zöllner/Noack*, in Kommentar GmbHG, § 43 Rn. 33.
[180] *Zöllner/Noack*, in Kommentar GmbHG, § 43 Rn. 33.
[181] *Boettcher*, Kompetenzen Verwaltungsrat und geschäftsführende Direktoren, S. 193 ff.
[182] *Drinhausen*, in Handbuch zur SE, 5. Kap. § 3 Rn. 55; *Reichert/Brandes*, MüKoAktG, SE-VO, Art. 43 Rn. 174 f, 178.

Ansprüchen obliegt den geschäftsführenden Direktoren, wenn der Gesellschaft durch Handlungen der Verwaltungsratsmitglieder ein Schaden entstanden ist. Allerdings besteht seitens der Direktoren eine Hinweispflicht gegenüber den Verwaltungsratsmitgliedern.[183]

Die Business Judgement Rule findet ebenfalls für die geschäftsführenden Direktoren Anwendung. Im Rahmen des operativen Geschäfts besitzen sie einen weitgehenden Ermessenspielraum. Eine Einschränkung besteht aber durch die Weisungsbefugnis des Verwaltungsrats. Ein Anspruch gegen die Direktoren entfällt somit nur, wenn die Handlung durch die Interessen der Gesellschaft auf Basis ausreichender Informationen erfolgt ist.[184]

bb) Gesamtgeschäftsführung und Verantwortung

Nach dem Wortlaut des § 40 (2) S. 2 SEAG sind mehrere geschäftsführende Direktoren nur gemeinschaftlich zur Geschäftsführung befugt. Dementsprechend dürfen Geschäftsbeschlüsse nur kollegial beschlossen werden. Besondere Anforderungen der Formalien zur Beschlussfassung sind nicht erforderlich.[185]

Entsprechende Grundsätze[186] über die Gesamtgeschäftsführung vom Verwaltungsrat lassen sich auch auf die geschäftsführenden Direktoren übertragen. Abweichungen von dem Grundsatz ergeben sich aus dem Mehrheitsprinzip und der Ressortaufteilung. Die Bestimmung der Geschäftsverteilung unterliegt aber durch das Weisungsrecht dem Verwaltungsrat. Dies gilt für die Geschäftsordnung nach § 40 (4) S. 1 SEAG und stellt einen Unterschied zu den Vorständen dar, die ihre Delegation selbst durchführen können nach § 77 (1) S. 2 i.V.m (2) S. 1 AktG. Die Satzung kann abweichendes bestimmen.[187]

Mitglieder des Direktoriums können unterschiedliche Positionen innehaben. Dabei ist es möglich eine Person als „CEO" zu bestimmen, die gleichzeitig dem Verwaltungsrat angehört und alleinige Entscheidungsmacht besitzt.[188]

---

[183] *Metz*, Monistische Organhaftung, S. 212 f.
[184] *Merkt*, ZGR 2003, S. 672; *Eberspächer*, in Kommentar zum AktG, SE-VO, Art. 51 Rn. 11 (Spindler/Stilz); *Ihrig*, in Steuerungsfunktionen des Haftungsrechts, S. 23.
[185] *Teichmann*, in SE-Kommentar, Anh. Art. 43 (§ 40 SEAG) Rn. 36.
[186] Für die Gesamtverantwortung des Verwaltungsrats siehe Kapitel D. II. 2. B) dd).
[187] *Messow*, Anwendbarkeit DCGK, S. 191; *Teichmann*, in SE-Kommentar, Anh. Art. 43 (§ 40 SEAG) Rn. 37 f.
[188] *Messow*, Anwendbarkeit DCGK, S. 191; *Teichmann*, in SE-Kommentar, Anh. Art. 43 (§ 40 SEAG) Rn. 38.

Für die Haftung ist somit zusammenfassend zu sagen, dass die geschäftsführenden Direktoren für eine Pflichtverletzung in ihrem Ressort, aber nicht direkt für Pflichtverletzungen anderer Direktoren haftbar sind. Indirekt befreit die Ressortaufteilung einen Direktor aber nicht vollständig von der Haftung aufgrund der Überwachungspflicht gegenüber anderen Ressorts (abgestufte Haftung).[189]

cc) Besonderheit geschäftsführende Verwaltungsratsmitglieder

Die Problematik bei der Innenhaftung eines geschäftsführenden Verwaltungsratsmitglieds beginnt schon bei der Beurteilung der Haftungstatbestände. Demnach ist fraglich wie die beiden Haftungstatbestände in Kapitel I. 2. b) bb) zueinanderstehen. Der Art. 51 SE-VO geht von einer individuellen Haftung bei Ausführung der Tätigkeit aus, sodass die Feststellung der Pflichtverletzung aus einem der beiden Ämter entscheidend für die Anwendung des Haftungstatbestandes ist.[190]

i) Modifizierter Sorgfaltsmaßstab

Die Anpassung des Sorgfaltsmaßstabs ist von der rechtlichen Stellung des Verwaltungsratsmitglieds abhängig.[191] Nach § 39 SEAG i.V.m § 93 AktG und § 40 (8) SEAG i.V.m § 93 (1) S. 1 AktG bestehen gesetzlich zwei unterschiedliche Maßstäbe für die Sorgfaltspflicht. Für die geschäftsführenden Verwaltungsratsmitglieder gilt § 39 SEAG i.V.m § 93 (1) S. 1 AktG bei Ausübung einer Verwaltungsratstätigkeit und § 40 (8) SEAG i.V.m § 93 (1) S. 1 AktG bei geschäftsführenden, operativen Tätigkeiten.[192]

Dementsprechend nehmen geschäftsführende Verwaltungsratsmitglieder eine höhere Sorgfaltspflicht bei Ausführung einer Maßnahme nach § 40 (2) S. 1 SEAG wahr, als bei Ausübung einer Verwaltungsratstätigkeit.[193] Maßgebend dafür ist die bereits erarbeitete Differenz zwischen den Aufgaben und Pflichten der geschäftsführenden Direktoren und dem Verwaltungsrat. Allerdings sind auch hier die Fähigkeiten der Mitglieder und eine Vorsitzfunktion zur Ermittlung des Maßstabs heranzuziehen.[194] Während Direktoren bei kollektiven Beschlüssen nur für Anliegen

---

[189] *Teichmann*, in SE-Kommentar, Anh. Art. 43 (§ 40 SEAG) Rn. 67; *Boettcher*, Kompetenzen Verwaltungsrat und geschäftsführende Direktoren, S. 162; *Siems*, in Kölner Kommentar AktG, SE-VO, Anh. Art. 51 § 39 SEAG Rn. 12 f.

[190] *Beckert*, Personalisierte Leitung von AGs, S. 205; zum gleichen Ergebnis kommt *Metz*, Monistische Organhaftung, S. 219 f.

[191] *Drinhausen*, in Handbuch zur SE, 5. Kap. § 3 Rn. 53.

[192] *Metz*, Monistische Organhaftung, S. 219 f.

[193] *Drinhausen*, in Handbuch zur SE, 5. Kap. § 3 Rn. 53.

[194] *Metz*, Monistische Organhaftung, S. 220 f.

haften, die dem Vorsitzenden zugegangen sind, haftet dieser für alle beschlossenen Maßnahmen bei eigenem Verschulden. Das leitende geschäftsführende Verwaltungsratsmitglied hat somit ein erhöhtes Haftungsrisiko.[195]

Bei Ausübung einer Verwaltungsratstätigkeit nehmen geschäftsführende Mitglieder in der Regel die gleiche Sorgfaltspflicht wahr wie ihre nicht geschäftsführenden Kollegen. Das resultiert aus der Leitungsaufgabe, die alle Verwaltungsratsmitglieder wahrnehmen müssen. Bezüglich strategischer Entscheidungen im Organ kommt demnach eine Haftung für eigenes Verschulden in Betracht. Allerdings eröffnet § 93 (1) S. 1 AktG einen Ermessensspielraum, sodass individuelle Erfahrungen der geschäftsführenden Verwaltungsratsmitglieder in ihre Verwaltungsratstätigkeit einfließen können. Eine gewonnene Kenntnis in der laufenden Geschäftsführung kann bei der strategischen Planung der SE von Vorteil sein. Dies kann höhere Anforderungen an den Sorgfaltsmaßstab begründen und haftungsverschärfend wirken.[196]

ii) Aspekte der Überwachung

Weiterhin fraglich ist, ob die geschäftsführenden Verwaltungsratsmitglieder eine Einschränkung der Überwachungspflicht im Rahmen ihrer Tätigkeiten nach § 22 (1) SEAG zu beachten haben und ob daraus eine Haftung resultiert. Ebenfalls könnte bei der Überschneidung der Aufgaben eine Interessenkollision auftreten.

Einerseits kommt nach der Auffassung von *Beckert* eine Haftung für die Überwachungspflicht bei kollektiver Organisation des Direktoriums in Betracht. Geschäftsführende Mitglieder des Verwaltungsrats sind durch die Gesamtgeschäftsführung angehalten ihre Kollegen auf ordnungsgemäße Geschäftsführung hin zu überprüfen. Andererseits ist ein leitendes geschäftsführendes Verwaltungsratsmitglied zusätzlich durch die Weisungsbefugnis des Verwaltungsrats angehalten die Weisungen im Direktorium zu überwachen. Dadurch werden die Auskunftsrechte der übrigen geschäftsführenden Direktoren insoweit beschränkt, dass sie nur noch bei dem leitenden geschäftsführenden Verwaltungsratsmitglied oder beim Verwaltungsrat Informationen erlangen können. Dem leitenden geschäftsführenden Verwaltungsratsmitglied würde somit eine schärfere Haftung durch Übernahme der

---

[195] *Beckert*, Personalisierte Leitung von AGs, S. 204.
[196] *Beckert*, Personalisierte Leitung von AGs, S. 206; *Metz*, Monistische Organhaftung, S. 222.

Überwachungspflichten zuteil kommen als die übrigen geschäftsführenden Direktoren.[197]

Die bereits thematisierte Überwachungspflicht für Verwaltungsratsmitglieder gemäß § 22 (1) SEAG differenziert nach dem Wortlaut nicht zwischen geschäftsführenden und nicht geschäftsführenden Mitgliedern.[198] Zur Prävention von Interessenkonflikten hat der Gesetzgeber § 40 (1) S. 2 SEAG eingeführt, um eine Balance und eine Kontrollstufe zwischen dem Verwaltungsrat und dem Direktorium einzubauen.[199] Hinsichtlich der Gesetzeslage ist nach *Metz* keine Einschränkung der geschäftsführenden Verwaltungsratsmitglieder in der SE-VO und dem SEAG zu erkennen, sodass anzunehmen ist, dass die geschäftsführenden Mitglieder die gleichen Überwachungspflichten wahrnehmen wie die nicht geschäftsführenden.[200]

Entsprechend lässt sich für geschäftsführende Verwaltungsratsmitglieder folgern, dass bei der Überwachungsflicht als geschäftsführender Direktor ein anderer Sorgfaltsmaßstab zu tragen kommt als bei Wahrnehmung der Pflicht in der Stellung eines nicht geschäftsführenden Verwaltungsratsmitglieds. Kommt es bei der Durchführung seiner Pflichten zu einer Überschneidung, sind Änderungen der Unternehmenssituation anzupassen und unverzüglich selbst durch das Mitglied zu überprüfen. Die Prüfungspflicht entfällt aber bei Vorliegen eines Verdachts auf Fehlentscheidungen durch das Verbot des Richtens in eigener Sache.[201]

Daher ist bei einer Pflichtverletzung eines geschäftsführenden Verwaltungsratsmitglieds eine differenzierte Haftungsprüfung vorzunehmen und auf die konkrete Stellung im Verwaltungsrat oder als Direktor abzustellen. Geschäftsführende Mitglieder nehmen somit eine ähnliche, geringere Sorgfaltspflicht wie nicht geschäftsführende Mitglieder im Verwaltungsrat wahr. Als geschäftsführende Direktoren unterliegen sie dem strengeren Sorgfaltsmaßstab der Direktoren.[202]

---

[197] *Beckert*, Personalisierte Leitung von AGs, S. 204f; Zur Thematik der Gesamtgeschäftsführung im AktG ausführlich *Vetter*, in Handbuch Managerhaftung, § 18, Rn. 17 ff.

[198] *Beckert*, Personalisierte Leitung von AGs, S. 206.

[199] *Merkt*, ZGR 2003, S. 667; *Metz*, Monistische Organhaftung, S. 223; *Teichmann*, in SE-Kommentar, Anh. Art. 43 (§ 40 SEAG) Rn. 19 ff.

[200] *Metz*, Monistische Organhaftung, S. 223 f.

[201] *Metz*, Monistische Organhaftung, S. 223, 227 f.; *Teichmann*, in SE-Kommentar, Anh. Art. 43 (§ 40 SEAG) Rn. 21; *Beckert*, Beckert, Personalisierte Leitung von AGs, S. 206f.

[202] *Metz*, Monistische Organhaftung, S. 227.

dd) Zwischenfazit

Die Untersuchung dieses Kapitels hat gezeigt, dass geschäftsführende Direktoren gemäß § 40 (8) SEAG i.V.m § 93 AktG auf Basis der Generalverweisung des Art. 9 (1) c) i) SE-VO haften. Für die Pflichtverletzung in ihrem Bereich sind sie im Rahmen der Gesamtgeschäftsführung verantwortlich, darüber hinaus aber nur indirekt aufgrund der abgestuften Haftung. Außerdem kommt Ihnen eine geringe Sorgfaltspflicht wegen der schwächeren Stellung gegenüber dem Vorstand einer AG zu. Des Weiteren ist für die Haftung der geschäftsführenden Direktoren zu prüfen ob und in welcher Weise eine Weisung des Verwaltungsrats vorliegt. Für eine Haftungsbefreiung kann dies unter Umständen entscheidend sein.

Bei geschäftsführenden Verwaltungsratsmitgliedern ist auf die konkrete Pflichtenstellung zu achten, um ggf. eine abgestufte Haftungsprüfung vorzunehmen. Im Rahmen der Geschäftsführung besteht eine Haftung nach § 40 (8) SEAG i.V.m § 93 AktG mit strengeren Sorgfaltspflichten als nicht geschäftsführende Verwaltungsratsmitglieder zu beachten haben. Bei Ausführung einer nichtgeschäftsführenden Tätigkeit haften geschäftsführende Verwaltungsratsmitglieder nach § 39 SEAG i.V.m § 93 AktG mit der gleichen Sorgfaltspflicht wie nicht geschäftsführende Mitglieder. Eine leitende Funktion wirkt dabei in beiden Fällen auf den Sorgfaltsmaßstab haftungsverschärfend. Maßgebend ist das Vorliegen einer Gesamtverantwortung, welches den Sorgfaltsmaßstab für die Haftung verändern kann.

Kritisch anzumerken ist ein möglicher Interessenkonflikt bei Prüfung der eigenen Maßnahmen. Zwar existiert das Verbot, in eigener Sache zu richten, aber dies könnte fatale Folgen für die Gesellschaft haben. Ein Beispiel hierfür wäre die absichtliche Vertretung der eigenen Interessen und eine fahrlässige Prägung der Maßnahmen für die Gesellschaft. Ein späterer Schadenersatzanspruch gegen das Mitglied könnte für die Gesellschaft in einigen Fällen dann schon zu spät sein. Diese fehlende Rechtssicherheit ist eines der Probleme, die der Gesetzgeber noch verbessern muss.

3. Verschulden

Dem Verwaltungsratsmitglied oder dem Direktor muss nach §§ 39, 40 (8) SEAG i.V.m § 93 (2), (1) AktG ein Verschulden zukommen. Nach dem Wortlaut des Gesetzes ist das Verschulden nicht explizit geregelt, aber kann aus der Sorgfaltspflicht des § 93 (1) AktG abgeleitet werden. Demnach ist die Sorgfaltspflicht auch ein Maßstab für das Verschulden des Verwaltungsratsmitgliedes.[203]

Ausreichend hierfür ist bereits ein Vorliegen von leichter Fährlässigkeit. Für die Haftung ist demnach entscheidend ob eine Pflichtverletzung vorliegt oder nicht. In den meisten Fällen wird automatisch ein Verschulden vermutet. Spezielle oder unzureichende Kenntnisse oder Fähigkeiten des Mitglieds sind irrelevant für den Verschuldensmaßstab. Der Verschuldensmaßstab ist zwingend und kann nicht verändert werden.[204]

4. Schaden

Ferner muss der monistischen SE ein Schaden verursacht worden sein nach §§ 39, 40 (8) SEAG. Seitens der SE-VO in Art. 51 sind, außer dem Tatbestandsmerkmal, keine Ausführungen gegeben und auf mitgliedstaatliches Recht verwiesen. Demnach sind für deutsches Recht die Grundsätze in §§ 249 ff. BGB für den Schaden maßgeblich (Differenzhypothese).[205] Demnach ist die haftungsbegründete Situation der Gesellschaft mit dem Gesellschaftsvermögen ohne haftungsbegründetem Ereignis zu vergleichen. Eine Differenz des Gesellschaftsvermögens ergibt den Schaden. Art und Umfang des Schadens richten sich ebenfalls nach §§ 249 ff BGB.[206]

5. Kausalität

Zwischen dem Schaden und der Pflichtverletzung muss Kausalität vorliegen nach § 93 (2) AktG. Nach dem Wortlaut des Art. 51 SE-VO ist die Kausalität ein ausdrückliches Tatbestandsmerkmal. Eine Kausalität liegt vor, wenn ein Zusammenhang zwischen dem entstandenen Schaden und der im Rahmen der Amtsausübung begangenen Pflichtverletzung besteht.[207]

Würde der Schaden auch bei rechtmäßigen Verhalten entstehen, steht dem Vorstand im AktG ein Einspruchsrecht zu. Im Rahmen der Business Judgement Rule hat der Vorstand dann die Pflicht, den Nachweis zu erbringen.[208] Da die aktienrechtlichen

---

[203] *Frodermann*, in Handbuch der Europäischen AG, 5. Kap. Rn. 284; *Wiesner*, MüHB, § 26 Rn. 15; *Hopt/Roth*, in Großkommentar AktG, § 93 Rn 391; *Messow*, Anwendbarkeit DCGK, S. 166 f.
[204] *Hopt/Roth*, in Großkommentar AktG, § 93 Rn. 392 ff.; *Wiesner*, MüHB, § 26 Rn. 15.
[205] *Messow*, Anwendbarkeit DCGK, S. 166.
[206] *Hopt/Roth*, in Großkommentar AktG, § 93 Rn. 406, 409; *Fleischer*, in Kommentar AktG, § 93 Rn. 198, 200.
[207] *Messow*, Anwendbarkeit DCGK, S. 166; *Spindler*, MüKoAktG, § 93 Rn. 174;
[208] *Wiesner*, MüHB, § 26 Rn. 22; *Fleischer*, in Kommentar AktG, § 93 Rn. 2002.

Vorschriften auf die monistische SE anwendbar sind, gilt dies auch für das Einspruchsrecht.

6. Beweislast

Entsprechend dem Gedanken der SE-VO sind die Haftungsvorgaben nach dem mitgliedstaatlichen Recht auszurichten. Aufgrund von § 39 SEAG wird die Beweislastvorschrift des § 93 (2) S. 2 AktG auf die monistische SE anwendbar. Durch die Ausführung von Leitungs- und Geschäftsführungsmaßnahmen haben die Verwaltungsratsmitglieder regelmäßig einen Informationsvorsprung gegenüber Aktionären der Gesellschaft. Ein Mitglied muss somit im Zweifel aufgrund §§ 39, 40 (8) SEAG i.V.m § 93 (2) S. 2 AktG die Sorgfaltspflicht und Verantwortlichkeit eines ordentlichen und gewissenhaften Geschäftseiters nachweisen.[209]

7. Haftungsbefreiung/Haftungsausschluss

Bezüglich der Haftungsbefreiungen der geschäftsführenden Direktoren kann hier insoweit auf die Ausführungen in Kapitel D. II. 2. c) aa) iii) verwiesen werden. Ein Haftungsausschluss der Verwaltungsratsmitglieder ist nur möglich, wenn die Entscheidungen auf einem rechtmäßigen Beschluss der Hauptversammlung gemäß § 39 SEAG i.V.m § 93 (4) S. 1 AktG beruhen.[210]

8. Verjährung

Eine Verjährung der Ansprüche kommt nach §§ 39 SEAG i.V.m § 93 (6) AktG nach fünf Jahren bei nicht börsennotierten SEs in Betracht. Bei einer Börsennotierung trifft die Gesellschaft eine Verjährungsfrist von zehn Jahren. Die Frist ist gesetzlich festgelegt und unveränderbar. Der Geltungsbereich umfasst alle Ansprüche des § 93 AktG.[211] Beginn und Ende der Verjährung richten sich nach den Grundsätzen des § 200 BGB. Die Frist beginnt bei Anspruchsentstehung und endet mit Ablauf der Frist. Der Anspruch ist entstanden, wenn eine Klagemöglichkeit seitens der SE besteht.[212]

---

[209] *Frodermann*, in Handbuch der Europäischen AG, 5. Kap. Rn. 300; *Hopt/Roth*, in Großkommentar AktG, 427; *Teichmann*, in SE-Kommentar, Anh. Art. 43 (§ 39 SEAG) Rn. 11; *Messow*, Anwendbarkeit DCGK, S. 168.

[210] *Teichmann*, in SE-Kommentar, Anh. Art. 43 (§ 39 SEAG) Rn. 14.

[211] *Frodermann*, in Handbuch der Europäischen AG, 5. Kap. Rn. 304; *Teichmann*, in SE-Kommentar, Anh. Art. 43 (§ 39 SEAG) Rn. 16.

[212] *Frodermann*, in Handbuch der Europäischen AG, 5. Kap. Rn. 305; *Teichmann*, in SE-Kommentar, Anh. Art. 43 (§ 39 SEAG) Rn. 16; *Wiesner*, MüHB, § 26 Rn. 50;

9. Rechtsfolgen

Rechtsfolge des Verstoßes gegen die Sorgfaltspflicht und Verantwortlichkeit nach Art. 51 SE-VO ist ein Anspruch nach mitgliedstaatlichem Recht. Demnach haften Verwaltungsratsmitglieder und Direktoren nach §§ 39, 40 (8) SEAG i.V.m § 93 (2) S. 1 AktG für den Schaden gesamtschuldnerisch, der aufgrund ihrer Pflichtverletzung begangen wurde. Es begründet sich ein Schadensersatzanspruch der SE gegenüber ihren Organmitgliedern. Art und Umfang des Anspruches richten sich nach den §§ 249 ff. BGB.[213]

10. Zwischenfazit

Bezüglich der Tatbestandsmerkmale „Schaden", „Kausalität", „Beweislast" sowie der „Verjährungsfrist" sind die aktienrechtlichen Vorschriften ohne Probleme auf die Haftung der Verwaltungsratsmitglieder anwendbar. Eine Haftungsbefreiung ist nur auf Grundlage eines Beschlusses der Hauptversammlung möglich. Geschäftsführende Direktoren sind bei rechtmäßigen oder nachträglichen Weisungen von der Haftung ausgenommen. Ein Schadensersatzanspruch gegen die Mitglieder der monistischen SE kann nach Anpassung des Tatbestandsmerkmals „Pflichtverletzung" auf die monistischen Eigenschaften entstehen.

III. Aspekte des DCGK auf die monistische Innenhaftung

Da die gesetzlichen Haftungsnormen weiten Spielraum für Haftung der Verwaltungsratsmitglieder erlauben, liefern die Aspekte des DCGK eventuell konkretere Hinweise und Vorschläge zur besseren Ausgestaltung.

1. Begrifflichkeiten und Anwendbarkeit auf die SE

Der DCGK umfasst den Begriff der Unternehmensverfassung, der in interne und externe Corporate Governance aufgeteilt ist, und das Zusammenwirken von Leitung und Überwachung konkretisiert. In der internen Governance werden die rechtliche Stellung eines Organmitglieds sowie deren Kenntnisse und Fähigkeiten behandelt. Im externen Bereich wird die Beziehung zwischen der Unternehmensführung sowie den Share- und Stakeholder erläutert.[214] Corporate Governance bietet den Unternehmen eine Richtlinie zur internen Unternehmenskontrolle.[215]

---

[213] *Frodermann*, in Handbuch der Europäischen AG, 5. Kap. Rn. 268 ff.; *Metz*, Monistische Organhaftung, S. 232 f.; *Teichmann*, in SE-Kommentar, Anh. Art. 43 (§ 39 SEAG) Rn. 10.
[214] *V.Werder*, in DCGK-Kommentar, 2. Teil Vorbemerkung, Rn. 1.
[215] *Frodermann*, in Handbuch der Europäischen AG, 5. Kap. Rn. 316.

Eine Anwendbarkeit des DCGK ist durch Art. 9 (1) c) ii) SE-VO i.V.m § 161 AktG für die monistische SE in Deutschland gegeben. Für börsennotierte SEs besteht eine jährliche Pflicht zur Erklärung bei Befolgung oder Abweichung vom DCGK.[216] Allerdings ist der Charakter des Kodex nicht bindend bei keiner entsprechenden Abgabe.[217] In der Literatur sind die Stimmen eindeutig, dass Empfehlungen über das Zusammenspiel zwischen Verwaltungsrat und geschäftsführenden Direktoren sowie der Haftungsfrage im DCGK enthalten sein sollen. Es bestehen aber derzeit nur Regelungen zum AktG sowie zum dualistischen Modell, sodass eine analoge Anwendung auf das monistische Modell erfolgen muss.[218] Allerdings ist es fraglich, welche Möglichkeiten der DCGK für den Sorgfaltsmaßstab der Verwaltungsratsmitglieder bietet.[219]

2. Anpassung und Lösungsvorschläge im Rahmen des DCGK auf die Haftung der Verwaltungsratsmitglieder

Eine Lösungsoption für eine Anpassung bietet *Messow*, der die Ziffern des bestehenden Kodex auf die monistische SE zu übertragen versucht. In seiner Analyse prüft er den Kodex auf Anpassungsmöglichkeiten oder eine analoge Anwendung des Verwaltungsrats und der geschäftsführenden Direktoren auf die Ziffern. Ergebnis der Analyse ist eine teilwertige Anwendbarkeit des DCGK auf die monistische SE. Außerdem wurde ein Vorschlag zur Gestaltung eines monistischen Kodex erarbeitet, der im Zweifel Interpretationshilfen für den Sorgfaltsmaßstab der Verwaltungsratsmitglieder bieten könnte.[220]

Einen anderen Vorschlag zur Eingliederung monistischer Grundsätze in den DCGK liefert *Schmidt*: Für eine gerechte Übertragbarkeit scheint es durchaus angebracht zu sein, den Erwägungsgrund 14 der SE-VO zur Trennung der Geschäftsbereiche im DCGK festzuhalten. Die Differenzierung könnte im DCGK für die Verantwortlichkeit der Verwaltungsratsmitglieder und geschäftsführende Direktoren eine Hilfe zur Interpretation des Sorgfaltsmaßstabs dienen. Da das zentrale Problem im

---

[216] *Messow*, Anwendbarkeit DCGK, S. 208 f.
[217] *Lutter/Krieger*, Rechte und Pflichten des Aufsichtsrats, § 2 Rn. 55 f.
[218] *Habersack/Verse*, Europäisches Gesellschaftsrecht, § 4 Rn. 26; *Teichmann*, BB 2004, S. 53, 55; *Schmidt*, Die monistische SE in Deutschland, S. 332; *Frodermann*, in Handbuch der Europäischen AG, 5. Kap. Rn. 331.
[219] *Frodermann*, in Handbuch der Europäischen AG, 5. Kap. Rn. 331.
[220] *Messow*, DCGK Anwendbarkeit, S. 293 ff.

monistischen System bei Anwendung der §§ 93, 116 AktG auf den Pflichten basiert, ist eine allgemeine Ausgestaltung aber schwierig. Daher ist auch hier eine Betrachtung nach dem Einzelfall notwendig. Ferner kann eine Einarbeitung der Schweizer Vorschriften nach Art. 716 b, 754 OR[221] in den DCGK eine Lösung bieten. Damit würde eine Beschreibung der Sorgfaltspflicht bei Übertragung von geschäftsführenden Maßnahmen möglich, sodass besser zwischen Verwaltungsratsmitgliedern und geschäftsführenden Direktoren unterschieden werden kann.[222]

Die Betrachtung des DCGK auf Hinweise zur Interpretation des Sorgfaltsmaßstabs der Verwaltungsratsmitglieder ergab, dass sich in der Literatur zwar konkrete Lösungsvorschläge und Ansätze finden, aber eine Umsetzung der monistischen SE in den DCGK noch kaum erfolgt ist. Dementsprechend besteht weiterhin Anpassungsbedarf und es bleibt abzuwarten ob eine europaweite Vereinheitlichung der Corporate Governance zur Einführung monistischer Grundsätze in den DCGK und somit zu einer Interpretationshilfe bei Innenhaftungsfragen führt.[223]

E. Abschließendes Fazit

Die Untersuchung hat gezeigt, dass eine Verweisung des SEAG auf den § 93 AktG durchaus eine flexible Ausgestaltung der Innenhaftungsfrage der Verwaltungsratsmitglieder ermöglicht.

Für die Innenhaftung ist in allen Fällen der Haftungsmaßstab an die Sorgfaltspflichten der Verwaltungsratsmitglieder und Direktoren für den Einzelfall anzupassen. Eine Haftung erfolgt nur für eigenes Verschulden und unterliegt dem Ermessensspielraum der Business Judgement Rule.

Die Fragestellung der Thesis kann somit folgendermaßen beantwortet werden:

Die bestehenden Regelungen des AktG auf den Innenhaftungstatbestand der Mitglieder des Verwaltungsrats einer monistisch geführten SE erfüllen die Vorrausetzungen des §§ 39, 40 (8) SEAG. Die individuelle Haftung der Verwaltungsratsmitglieder richtet sich nach § 39 SEAG i.V.m § 93 AktG. Für die geschäftsführenden Direktoren gilt § 40 (8) SEAG i.V.m § 93 AktG. Bei gleichzeitiger Wahrnehmung

---

[221] Schweizer Obligationenrecht.
[222] *Schmidt*, Die monistische SE in Deutschland, S. 334 ff.
[223] *Frodermann*, in Handbuch der Europäischen AG, 5. Kap. Rn. 331 f.; Ausführlich *Habersack/Verse*, § 4 Rn. 26 ff.; *Theisen/Hölzl*, in Die europäische Aktiengesellschaft, S. 320 ff.; hierzu Grünbuch der Kommission Europäischer Corporate Governance-Rahmen, KOM 2011/164/3.

von nichtgeschäftsführenden und geschäftsführenden Pflichten ist auf die Stellung des Mitglieds zu achten und eine Differenzierung für die Haftung vorzunehmen.

Es ist aber kritisch anzumerken, dass der Gesetzgeber keine nähere Ausgestaltung der Innenhaftung bezüglich der Sorgfaltspflichten vorgenommen hat, da in einigen Fällen ein Rückgriff auf das Aktienrecht zu Problematiken führt. Ferner existieren keine Urteilssprüche auf die konkrete Problematik. Auch lässt sich die Frage mit dem DCGK nicht beantworten, da dieser kaum Anpassungen an das monistische System bietet. Es ist durchaus denkbar, dass eine Anpassung an die jeweilige Stellung und Pflichten des Verwaltungsratsmitglieds in der Praxis erheblichen Aufwand bei der Feststellung des Anspruchs darstellt. Eine Durchsetzung des Anspruchs dürfte sich in einigen Fällen somit schwierig oder zeitlich sehr aufwendig gestalten. Deshalb wäre eine Überarbeitung der Haftungsnormen nach §§ 39, 40 (8) SEAG sinnvoll, denn die Problematiken des Rückgriffs auf das Aktienrecht würden damit gelöst werden und zu einer besseren Anpassung des Sorgfaltsmaßstabs führen. Empfehlenswert wäre eine Ausgestaltung im DCGK oder im SEAG durch den Gesetzgeber.

Es bleibt abzuwarten, ob sich in Zukunft aus der Rechtsprechung konkrete Fälle ergeben, die zur besseren Ausgestaltung der Sorgfaltspflicht der Verwaltungsratsmitglieder führen. Für die Gründer einer monistischen SE wäre dies sicherlich eine positive Botschaft und würde zu mehr Sicherheit seitens der Unternehmen führen.

Literaturverzeichnis

Bartone, Roberto/Klapdor, Ralf, Die europäische Aktiengesellschaft, Recht Steuern, Betriebswirtschaft, 2. Auflage, Berlin 2007 (zit.: Die Europäische AG).

Baums, Theodor, Zur monistischen Verfassung der deutschen Aktiengesellschaft – Überlegungen de lege ferenda, in: *Baums, Theodor/Cahn, Andreas,* Institute for Law and Finance, Working Paper Series No. 88., Frankfurt am Main 2008.

Beckert, Ute, Personalisierte Leitung von Aktiengesellschaften unter besonderer Berücksichtigung der Europäischen Aktiengesellschaft (SE), Heidelberg 2008 (zit.: „Führungsorganisation der monistischen SE").

Binder, Ulrike/Jünemann, Michael/Merz, Friedrich/Sinewe, Patrick (Hrsg.), Die Europäische Gesellschaft (SE), Recht, Steuern, Beratung, 1. Auflage, Wiesbaden 2007 (zit.: „Die SE").

Boettcher, Friederike, Die Kompetenzen von Verwaltungsrat und geschäftsführenden Direktoren in der monistischen SE in Deutschland, Münster 2008 (zit.: „Kompetenzen Verwaltungsrat und geschäftsführende Direktoren").

Brandt, Ulrich, Ein Überblick über die Europäische Aktiengesellschaft (SE) in Deutschland, Betriebsberater Spezial, 2005, S. 1-7.

Carlson, Anders/Kelemen, Melinda/Stollt, Michael, Overview of current state of SE founding in Europe, in: ETUI (Hrsg.), SE-Facts & Figures, http://www.worker-participation.eu/European-Company-SE/Facts-Figures, Stand: 21.03.2014, Abfrage: 11.07.2016.

DAV, Stellungnahme zum Diskussionsentwurf eines Gesetzes zur Ausführung der Verordnung (EG) Nr. 2157/2001 des Rates vom 8. 10. 2001 über das Statut der Europäischen Gesellschaft (SE) (SE-Ausführungsgesetz-SEAG), Neue Zeitschrift für Gesellschaftsrecht, 2004, S. 75-86.

Drinhausen, Florian, 5. Kapitel: Innere Organisation, § 3 Monistisches System, in: *Drinhausen, Florian/Van Hulle, Karel/Maul, Siljia* (Hrsg.), Handbuch zur Europäischen Gesellschaft (SE), München 2007 (zit.: *Autor* in: Handbuch zur SE), S. 132-147.

Drinhausen, Florian/Teichmann, Christoph, 3. Kapitel: Rechtsquellen, in: *Drinhausen, Florian/Van Hulle, Karel/Maul, Siljia* (Hrsg.), Handbuch zur Europäischen Gesellschaft (SE), München 2007 (zit.: *Autor* in: Handbuch zur SE), S. 43-47.

Eder, Cajetan, Die monistisch verfasste Societas Europaea – Überlegungen zur Umsetzung eines CEO-Modells, Neue Zeitschrift für Gesellschaftsrecht, 2004, S.544-547.

Ernst & Young, Study on the operation and the impacts of the Statute for a European Company (SE), http://ec.europa.eu/internal_market/consultations/docs/2010/se/study_SE_9122009_en.pdf, Stand: 09.01.2009, Abfrage: 09.07.0216.

Ek, Ralf, Haftungsrisiken für Vorstand und Aufsichtsrat, 2. Auflage, München 2010.

Fleischer, Holger (Hrsg.), Handbuch des Vorstandsrechts, 1. Auflage, München 2006.

Fleischer, Holger, Zur Verantwortlichkeit einzelner Vorstandsmitglieder bei Kollegialentscheidungen im Aktienrecht, Betriebsberater, 2004, S. 2645-2651.

Frodermann, Jürgen, 5. Kapitel: Leitungs- und Aufsichtsorgane, in: *Jannott, Dirk/Frodermann, Jürgen* (Hrsg.), Handbuch der Europäischen Aktiengesellschaft – Societas Europaea, 2. Auflage, Heidelberg 2014, S. 136-203 (zit.: Autor in Handbuch der Europäischen AG).

Goette, Wulf, Habersack, Mathias (Hrsg.), Münchner Kommentar zum Aktiengesetz, Band 2, 4. Auflage, München 2014 (zit.: *Autor* in MüKoAktG).

Goette, Wulf, Habersack, Mathias (Hrsg.), Münchner Kommentar zum Aktiengesetz, Band 9/2, 3. Auflage, München 2012 (zit.: *Autor* in MüKoAktG).

Grigoleit, Hans Christoph (Hrsg.), Aktiengesetz Kommentar, 1. Auflage, München 2013 (zit.: *Autor* in Aktiengesetz).

Gruber, Johannes/Weller, Marc-Philippe, Societas Europaea: Mitbestimmung ohne Aufsichtsrat? – Ideen für die Leitungsverfassung der monistischen Europäischen Aktiengesellschaft in Deutschland, Neue Zeitschrift für Gesellschaftsrecht, 2003, S.297-301.

Grundmann, Stefan, Europäisches Gesellschaftsrecht – Eine systematische Darstellung unter Einbeziehung des Europäischen Kapitalmarktrechts, 2. Auflage, Heidelberg 2011 (zit.: EU-Gesellschaftsrecht).

Habersack, Mathias/Verse, Dirk A., Europäisches Gesellschaftsrecht, 4. Auflage, München 2011.

Haftung von Vorstand, Aufsichtsrat, Wirtschaftsprüfer mit GmbH Geschäftsführer, München 2008.

Hirte, Heribert, Die Europäische Aktiengesellschaft – ein Überblick nach In-Kraft-Treten der deutschen Ausführungsgesetzgebung (Teil II), Deutsches Steuerrecht, S. 700-704.

Hirte, Heribert/Mülbert, Peter O./Roth, Markus (Hrsg.), Großkommentare der Praxis AktG, Band 4/2, 5. Auflage, Berlin 2015 (zit.: *Autor* in Großkommentar AktG).

Hoffman-Becking, Michael (Hrsg.), Münchner Handbuch des Gesellschaftsrecht, Band 4 Aktiengesellschaft, 3. Auflage, München 2015 (zit.: Autor in MüHB).

Hoffmann-Becking, Micheal, Vorstandsvorsitzender oder CEO, Neue Zeitschrift für Gesellschaftsrecht, 2003, S. 745-750.

Holland, Björn, Das amerikanische „board of directors" und die Führungsorganisation einer monistischen SE in Deutschland, Köln 2004 (zit.: „Führungsorganisation einer monistischen SE").

Hommelhoff, Peter, Einige Bemerkungen zur Organisationsverfassung der Europäischen Aktiengesellschaft, Die Aktiengesellschaft, 2001, S. 279-288.

Horn, Norbert, Die Europa-AG im Kontext des deutschen und europäischen Gesellschaftsrechts, Der Betrieb, 2005, S. 147-153.

Hüffer, Uwe/Koch, Jens (Hrsg.), Kurz-Kommentar Aktiengesetz, 12. Auflage, München 2016 (zit.: *Autor* in AktG).

Ihrig, Hans-Christoph, Organschaftliche Haftung und Haftungsdurchsetzung unter Berücksichtigung der monistisch verfassten SE, in: *Bachmann, Gregor/Casper, Matthias/Schäfer, Carsten/Veil, Rüdiger* (Hrsg.), Steuerungsfunktionen des Haftungsrechts im Gesellschafts- und Kapitalmarktrecht, 1. Auflage, Baden-Baden 2009 (zit.: *Autor* in Steuerungsfunktionen des Haftungsrechts)

Jannott, Dirk/Frodermann, Jürgen (Hrsg.), Handbuch der Europäischen Aktiengesellschaft – Societas Europaea, 2. Auflage, Heidelberg 2014 (zit.: *Autor* in Handbuch der Europäischen AG)

Kallmeyer, Harald, Das monistische System in der SE mit Sitz in Deutschland, Zeitschrift für Wirtschaftsrecht, 2003, S. 1531-1536.

Korts, Sebastian, Die Europäische Aktiengesellschaft Societas Europaea (SE) – im Gesellschafts- und Steuerrecht, 3. Auflage, Frankfurt am Main 2008.

Köstler, Roland/Pütz, Lasse, SE-Datenblatt – Fakten zur Europäischen Gesellschaft, in: Hans-Böckler-Stiftung (Hrsg.), Studien zur SE, http://www.boeckler.de/34750.htm, Stand: 31.12.2015, Abfrage: 11.07.2016.

Kremer, Thomas/Bachmann, Gregor/Lutter, Marcus/Werder, Axel v. (Hrsg.), Kommentar zum deutschen Corporate Governance Kodex, 6. Auflage, München 2016 (zit.: Autor in DCGK-Kommentar).

Lingl, Markus, Die Europäische Aktiengesellschaft – Societas Europaea (SE), Juristische Arbeitsblätter, 2006, S. 304-309.

Lutter, Marcus/Bayer, Walter/Schmidt, Jessica, Europäisches Unternehmens- und Kapitalmarktrecht, 5. Auflage, Berlin 2012.

Lutter, Marcus/Hommelhoff, Peter (Hrsg.), SE-Kommentar, Köln 2008 (zit: *Autor:* in SE-Kommentar).

Lutter, Markus/Krieger, Gerd, Rechte und Pflichten des Aufsichtsrats, 5. Auflage, Köln 2008.

Merkt, Hanno, Die monistische Unternehmensverfassung für die Europäische Aktiengesellschaft aus deutscher Sicht, Zeitschrift für Unternehmens- und Gesellschaftsrecht, 2003, S.650-678.

Messow, Bastian Rolf Winfried, Die Anwendbarkeit des Deutschen Corporate Governance Kodex auf die Societas Europaea (SE), Frankfurt am Main 2008 (zit.: „Anwendbarkeit DCGK").

Metz, Florian, Die Organhaftung bei der monistisch strukturierten Europäischen Aktiengesellschaft mit Sitz in Deutschland, Frankfurt 2009 (zit.: „Monistische Organhaftung").

Nagel, Bernhard/Freis, Gerhild/Kleinsorge, Georg, Die Beteiligung der Arbeitnehmer in der Europäischen Gesellschaft – SE, Kommentar zum SE-Beteiligungsgesetz, München 2005 (zit.: *Autor* in: Kommentar zum SEBG).

Sanders, Pieter, Auf dem Weg zu einer Europäischen Aktiengesellschaft? Außenwirtschaftsdienst des Betriebsberaters, 1960, S. 1-5.

Scherer, Christoph, Die Qual der Wahl: Dualistisches oder monistisches System? Alternativen der Unternehmensverfassung einer Europäischen Gesellschaft (SE) in Deutschland, Frankfurt am Main 2006 (zit.: „Dualistisch oder monistisches System").

Schmidt, Jessica, „Deutsche" vs. „britische" Societas Europaea (SE) – Gründung, Verfassung, Kapitalstruktur, Jena 2006 (zit.: „„deutsche" vs. „britische" SE").

Schmidt, Philipp, Die monistische SE in Deutschland, Hamburg 2006.

Spindler, Gerald/Stilz, Eberhard (Hrsg.), Kommentar zum Aktiengesetz: AktG, Band 1, München 2007 (zit.: *Autor* in: Kommentar zum AktG).

Spindler, Gerald/Stilz, Eberhard (Hrsg.), Kommentar zum Aktiengesetz: AktG, Band 2, München 2015 (zit.: *Autor* in Kommentar zum AktG).

Taschner, Hans Claudius/Bodenschatz, Nadine, 1. Kapitel: Geschichte der Europäischen Aktiengesellschaft, in: *Jannott, Dirk/Frodermann, Jürgen* (Hrsg.), Handbuch der Europäischen Aktiengesellschaft – Societas Europaea, 2. Auflage, Heidelberg 2014, S. 11-28 (zit.: *Autor* in Handbuch der Europäischen AG).

Teichmann, Christoph, § 5: Organhaftung in der SE, in: *Krieger, Gerd/ Schneider, Uwe H.* (Hrsg.), Handbuch Managerhaftung, Köln 2010, S. 98-117. (zit.: *Autor* in: Handbuch Managerhaftung)

Teichmann, Christoph, Gestaltungsfreiheit im monistischen Leitungssystem der Europäischen Aktiengesellschaft, Betriebsberater, 2004, S. 53-60.

Thamm, Robert, Die Organisationsautonomie der monistischen Societas Europaea bezüglich ihrer geschäftsführenden Direktoren, Neue Zeitschrift für Gesellschaftsrecht, 2008, S. 132-134.

Theisen, Manuel Rene/Hölzl, Michael, Kapitel D.: Corporate Governance, in: *Theisen, Manuel Rene/Wenz, Martin* (Hrsg.), in: Die Europäische Aktiengesellschaft, Recht, Steuern und Betriebswirtschaft der Societas Europaea (SE), 2. Auflage, Stuttgart 2005, S. 269-330 (zit.: *Autor* in: Die Europäische Aktiengesellschaft).

Theisen, Manuel Rene/Wenz, Martin, Kapitel A.: Hintergründe, historische Entwicklung und Grundkonzeption, in: *Theisen, Manuel Rene/Wenz, Martin* (Hrsg.), Die Europäische Aktiengesellschaft, Recht, Steuern und Betriebswirtschaft der Societas Europaea (SE), 2. Auflage, Stuttgart 2005, S. 1-56 (zit.: *Autor* in: Die Europäische Aktiengesellschaft).

Thoma, Georg/Leuring, Dieter, Die Europäische Aktiengesellschaft – Societas Europaea, Neue Juristische Wochenschrift, 2002, S. 1449-1454.

Thümmel, Roderich C., Persönliche Haftung von Managern und Aufsichtsräten, 4. Auflage, Stuttgart 2008.

Vetter, Eberhard, § 18: Risikobereich und Haftung: Organisation (Geschäftsverteilung und Delegation) und Überwachung, in: *Krieger, Gerd/ Schneider, Uwe H.* (Hrsg.), Handbuch Managerhaftung, Köln 2010, S. 501-539 (zit.: *Autor* in: Handbuch Managerhaftung).

Wagner, Jens, Die Bestimmung des auf die SE anwendbaren Rechts, Neue Zeitschrift für Gesellschaftsrecht, 2002, S. 985-991.

Walla, Fabia, Corporate Governance in einer monistisch verfassten Societas Europaea deutscher Provenienz, Zeitschrift für das juristische Studium, 2008, S. 566-577.

Wellhöfer, Werner/Peltzer, Martin/Müller, Welf, Die *Wenz, Martin,* 1. Kapitel: Einsatzmöglichkeiten, in: *Drinhausen, Florian/Van Hulle, Karel/Maul, Siljia* (Hrsg.), Handbuch zur Europäischen Gesellschaft (SE), München 2007 (zit.: *Autor* in: Handbuch zur SE), S. 1-33.

Westphal, Nico, Die Europäische Aktiengesellschaft – Gründung, Sitzverlegung, Verlustverrechnung, Steuern, Saarbrücken 2006.

Zöllner/Noack (Hrsg.), Kölner Kommentar zum Aktiengesetz: Band 8/2, 3. Auflage 2012 (zit.: *Autor* in Kölner Kommentar AktG).